過労死・過労自殺 労災認定マニュアル

Q&Aでわかる補償と予防

川人 博＋平本紋子

旬報社

はじめに

　1998年から14年連続で日本の自殺者が3万人を超えました。こうした中で、2011年12月には、厚生労働省は、精神障害・自殺に関する新しい労災認定基準を出しました。本書は、このような新しい状況に対応できる解説をしたいと思い出版しました。

　1988年に全国の弁護士、医師、職業病専門家などが「過労死110番」の相談活動を始めました。
　相談活動が始まった当初の頃は、労働省（現在の厚生労働省）の壁が大変厚く、過労の結果脳・心臓疾患で亡くなったり重度の障害が残っても、業務上の死亡（労災）と認定されるのは、ほんのわずかでした。申請が約600件、労災認定が約30件、認定率が約5％という状況が続きました。
　しかし、遺族をはじめとした市民の声が行政の姿勢を少しずつ変えていき、2001年12月に脳・心臓疾患の新しい労災認定基準が出されて以降は、毎年約300件が労災認定され、認定率も約30〜40％となっています。とはいえ、今でも本来労災と認定すべきと思われるケースについて、業務外（労災ではない）との判断が出ることが多く、より改善が求められています。
　他方、精神障害や自殺（自死）の場合で労災認定されるのは、1980年代、90年代は、ほとんどゼロかゼロに近い状況が続きました。これに対しても、遺族の異議申立や世論の批判によって行政の姿勢に変化が生じ、1999年9月に「判断指針」が出され、その後、少しずつ労災認定が増えるようになりました。2006年頃からは、精神障害全体で毎年約200〜300件、うち自殺で約60件が労災認定され、精神障害全体の認定率が約20〜30％となっています。
　以前に比べて改善されたとはいえ、精神障害や自殺のケースでも、

労災認定の壁はまだまだ厚く、業務外と判断されても納得できないことが多いのが実状です。

　過労やストレスによって病気になり死亡した場合には、労災保険だけでなく、使用者である企業がしっかりと、ご本人やご遺族に対する補償を行うことが大切です。このような観点から見た場合には、企業の補償についても不十分な面が多いのが日本の実状で、この点での改善も求められています。

　そして、補償をきちっと実施することとあわせて、二度と同じような犠牲者が発生しないようにする努力が関係者に強く求められています。とくに、企業や労働行政の責任が重要ですが、この点での目立った改革が実現できていないのがわが国の現状です。

　本書では、仕事が原因で過労死・過労障害・精神障害・過労自殺が発生した場合に、どのように補償が行われているのか、また、行われるべきなのかを解説しました。また、これらを予防していくための問題提起を行いました。

　ご本人・ご家族・関係者の方々のご参考になることを願っています。

　2012年3月

　　　　　　　　　　　　　　　　　　　弁護士　　川人　博
　　　　　　　　　　　　　　　　　　　同　　　　平本紋子

目次 ● 過労死・過労自殺労災認定マニュアル

はじめに ……………………………………………………………… 2

第Ⅰ章 「過労死」「過労自殺」の労災保険による補償

Q 01　労災保険制度による補償 …………………………… 12
夫が過労で死亡しましたが、幼い子どもがいるので将来が不安です。どのような補償を受けることができるのでしょうか？

Q 02　労災の受給資格者 ……………………………………… 16
夫が過労で死亡した場合、誰が労災の遺族補償給付を受けることができるのでしょうか？　独身の息子が過労で死亡した場合は、誰が労災の遺族補償給付を受けることができるのでしょうか？

Q 03　労災補償の内容① …………………………………… 18
夫が過労で亡くなり、妻と子ども2人の生活です。労働基準監督署で労災と認められた場合、どの程度の補償を労災保険から受けることができるのでしょうか？

Q 04　労災補償の内容② …………………………………… 20
一人暮らしをしていた息子が過労で亡くなりました。労働基準監督署で労災と認められた場合、どの程度の補償を労災保険から受けることができるのでしょうか？

Q 05　労災補償の内容③ …………………………………… 21
過労による脳出血で倒れ、現在は通院治療中です。労働基準監督署で労災と認められた場合、どの程度の補償を労災保険から受けることができるのでしょうか？

Q 06　労災補償の実態 ……………………………………… 23
日本で労災と認定されている過労死や過労自殺は、どの程度あるのでしょうか？

Q 07　申請方法 ……………………………………………… 25
労災申請書類への証明を会社に拒否されましたが、申請することはできるのでしょうか？

Q 08　時効 …………………………………………………… 26
息子が過労で亡くなってから3年が経ってしまいました。今からでも労災の申請はできますか？

Q 09　労働者性 ………………………………………… 27
中小企業の部長であり、名目上の取締役でしたが、労災保険の対象になるのでしょうか？

Q 10　特別加入制度 ① …………………………………… 28
自営業者ですが、労災保険の対象になるのでしょうか？

Q 11　特別加入制度 ② …………………………………… 29
夫が海外へ出張中に亡くなりました。日本での労災申請はできるのでしょうか？

Q 12　退職後の死亡 ……………………………………… 30
会社を退職した2週間後にくも膜下出血を発症して死亡した場合も、労災の対象になりますか？

Q 13　複数の職場で勤務していた場合 ………………… 31
A社とB社で兼業していたところ、過労が原因で脳梗塞を発症し、通院治療中です。このような場合も、労災の対象になりますか？

●コラム〔休憩室〕休むことの大切さ ……………………… 32

第Ⅱ章　労災の認定基準

Q 14　労災の認定基準 …………………………………… 34
過労死や過労自殺が、労災と認定されるための要件を教えて下さい。

Q 15　長時間労働の立証方法 …………………………… 36
夫の職場にはタイムカードがありませんでした。長時間労働を証明するためにどのような資料を集めればよいのでしょうか？

Q 16　業務上の出来事の立証方法 ……………………… 40
過労による脳・心臓疾患の場合、労働時間以外に評価される業務の過重性とは何でしょうか？　それを証明するためには、どのようにすればよいのでしょうか？

Q17　脳・心臓疾患における時間外労働時間の評価 …… 41
夫が心筋梗塞で死亡しましたが、残業時間は月60時間程度であり、月平均80時間以上という基準を満たしません。労災認定されるのは難しいでしょうか？

Q18　脳・心臓疾患の対象疾病① …………………… 42
死亡診断書に、「くも膜下出血」などの病名がはっきりと書かれていない場合でも、労災と認定されるのでしょうか？

Q19　脳・心臓疾患の対象疾病② …………………… 43
持病だった喘息の発作で死亡した場合も、労災と認定されるのでしょうか？

Q20　基礎疾病 ……………………………………… 44
もともと心臓病があった場合でも、労災と認定されますか？

Q21　飲酒・喫煙 …………………………………… 45
飲酒量が多く、喫煙していた場合も、労災と認定されますか？

Q22　治療機会の喪失 ……………………………… 46
夫が勤務中に過労で体調を崩したのですが、仕事が多忙で病院に行くことができずに死亡しました。労災として認められるのでしょうか？

Q23　精神障害・自殺における心理的負荷 ………… 47
息子が過労で自殺しました。1か月の残業時間が100時間を超えていましたが、労災と認められるでしょうか？

Q24　いじめ・パワーハラスメント ……………… 50
職場でのいじめ、パワハラが原因で自殺した場合、労災と認められますか？

Q25　セクシュアルハラスメント ………………… 51
セクシュアルハラスメントを受けたことによってうつ病になった場合、労災と認められますか？

Q26　精神障害発症の証明 ………………………… 52
死亡前に精神科を受診していなかった場合、精神障害による自殺であることは、どのように証明すればよいのでしょうか？

Q27　発症後の増悪 ……………………………………………… 54
うつ病になった後に仕事でミスをしてしまい、うつ病が悪化して自殺しました。労災と認められるでしょうか？

Q28　遺書 ………………………………………………………… 55
「もう疲れました」「悪いのは自分です」などと書かれた遺書がありましたが、労災と認められるのでしょうか？

Q29　療養中の解雇 …………………………………………… 57
仕事が原因でうつ病になり、休業しているのですが、会社が解雇すると言っています。会社を辞めるしかないのでしょうか？

Q30　生命保険契約の自殺免責約款 ………………………… 58
生命保険会社の担当者に、「加入から1年以内の自殺には死亡保険金が支払われません」と言われましたが、本当でしょうか？

第Ⅲ章　不服申立手続

Q31　不服申立手続の種類 …………………………………… 60
労働基準監督署の業務外決定に納得できない場合、どのような手続をとればよいのでしょうか？

Q32　給付基礎日額の不服申立 ……………………………… 62
給付額計算の基礎となる給付基礎日額に残業時間が反映されておらず、補償額が少ない場合、不服申立てはできますか？

第Ⅳ章　行政訴訟

Q33　行政訴訟手続 …………………………………………… 64
再審査請求手続でも労災と認定されなかった場合、どのような不服申立手続がとれますか？

Q34　行政訴訟の進め方 ……………………………………… 66
行政訴訟は、どのように進めればよいのでしょうか？

Q35　行政訴訟の判断基準 …………………………………………… 67
裁判の判断基準と、労災行政の認定基準は、具体的にどのように違うのでしょうか？

第Ⅴ章　公務災害申請

Q36　公務災害の認定状況 ……………………………………………… 70
公務災害の認定状況について教えてください。

Q37　公務災害申請手続 ………………………………………………… 71
公務災害申請手続は、どのように行えばよいのでしょうか？

Q38　公務災害の認定基準 ……………………………………………… 74
公務上災害と認められるための要件を教えてください。

Q39　裁判における公務災害の認定基準 …………………………… 75
裁判でも、公務災害認定の判断基準は同じなのでしょうか？

Q40　手続の遅延に対する対策 ……………………………………… 76
公務外認定処分に不服があり、審査請求を行ったのですが、もう1年近くが経過しています。手続を早く進めてほしいのですが、どうすればよいのでしょうか？

第Ⅵ章　企業責任の追及

Q41　企業による補償の種類…………………………………………… 78
夫が過労で亡くなった場合、企業からどのような補償を受け取ることができるのでしょうか？

Q42　企業責任の追及と損害賠償請求 ……………………………… 79
過労死や過労自殺が起きた場合に、企業責任を追及するための手段と、損害賠償請求の法律上の根拠を教えてください。

Q43　安全配慮義務違反 ……………………………………………… 81
企業の損害賠償責任（安全配慮義務違反・注意義務違反）が認められるのは、どのような場合なのでしょうか？

Q44　個人に対する損害賠償請求 ……………………… 83
夫が上司のパワハラによって自殺した場合、上司や会社に対して損害賠償請求をすることができますか？

Q45　代表取締役に対する損害賠償請求 ………………… 84
企業だけでなく、代表取締役個人に対して損害賠償請求をすることもできるのでしょうか？

Q46　損害の内容 ……………………………………… 85
過労死や過労自殺による「損害」として、どのような項目を企業に請求すればよいのでしょうか？

Q47　損害賠償請求の時効 ………………………………… 87
夫が亡くなってから5年が経過してしまいましたが、企業への損害賠償請求は今からでもできるのでしょうか？

Q48　労災申請と損害賠償請求の順序 …………………… 88
企業に対する損害賠償請求と労災申請は、どのような順番で行うのがよいのでしょうか？

Q49　既往症などのリスクファクター …………………… 89
重い心臓病を患っていた場合や、喫煙していた場合などは、企業の損害賠償責任が認められないのでしょうか？

Q50　被災者の性格 …………………………………… 90
会社が、息子の自殺は本人のまじめすぎる性格が原因だと言って、責任を認めません。企業責任の追及は難しいのでしょうか？

Q51　損益相殺 ………………………………………… 91
労災保険による給付を受けている場合、企業に対する損害賠償請求訴訟の判決では、どの程度の賠償額が認められるのでしょうか？

Q52　企業との文書作成の留意点 ……………………… 92
企業と示談や和解をする場合は、支払金についてどのような文書を作成すればよいのでしょうか？

Q53　専門家への相談 …………………………………………… 93
労災申請や企業への補償請求を考えていますが、専門家に相談したほうがよいのでしょうか？

●コラム〔休憩室〕FIKA（フィーカ）のすすめ ……………… 94

第Ⅶ章　過労死・過労自殺の予防

Q54　会社に対する職場改善要求 ………………………………… 96
息子の死亡が労災と認定されました。同じような犠牲者を出さないよう会社に対し要求したいのですが、どのようにすればよいでしょうか？

Q55　労働基準監督署や労働局への申告 ………………………… 97
会社が労災防止に取り組まないときに、監督省庁に訴えることができますか？

Q56　退職の自由 …………………………………………………… 98
いまの会社がひどい長時間労働なので退職を申し出たのですが、上司が認めてくれません。どうすればよいでしょうか？

Q57　産業医 ………………………………………………………… 99
長時間の残業が続いた後、会社の産業医と面談しました。産業医の役割について教えてください。

Q58　過労死防止基本法 …………………………………………… 100
過労死の発生を防止するために、法律をつくることができないでしょうか？

資料1：「脳血管疾患及び虚血性心疾患等（負傷に起因するものを除く。）
　　　　の認定基準」 …………………………………………………… 102

資料2：「心理的負荷による精神障害の認定基準」……………………… 108

あとがき……………………………………………………………………… 134

第Ⅰ章
「過労死」「過労自殺」の労災保険による補償

- Q01【労災保険制度による補償】
- Q02【労災の受給資格者】
- Q03【労災補償の内容①】
- Q04【労災補償の内容②】
- Q05【労災補償の内容③】
- Q06【労災補償の実態】
- Q07【申請方法】
- Q08【時効】
- Q09【労働者性】
- Q10【特別加入制度①】
- Q11【特別加入制度②】
- Q12【退職後の死亡】
- Q13【複数の職場で勤務していた場合】

01 | 労災保険制度による補償

夫が過労で死亡しましたが、幼い子どもがいるので将来が不安です。どのような補償を受けることができるのでしょうか？

労災と認定されれば、生涯を通じて金銭的補償を受けることができます。

● 労災保険制度とは

　働き過ぎが原因で亡くなった場合、遺族は労災保険制度による労災補償を受けることができます。したがって、ご質問のような場合は、労働基準監督署に対して労災申請を行った結果、労災（業務上の死亡）と認められれば、労災保険から遺族補償年金が支給されます。

　労災保険制度とは、仕事が原因のケガや病気などによって、会社を休まなければならなくなったり、身体に障害が残ったり、亡くなったりした場合に、国が労働者や遺族に対して必要な補償をする制度です。労災の典型的な例は、仕事中の事故が原因のケガや死亡などですが、働き過ぎが原因の病気や死亡、自殺についても、労災保険によって補償されます。労災保険の保険料は、会社が全額負担することになっており、労災が発生した場合に、被災者（病気やケガをした人）や遺族が労働基準監督署に対して請求をすれば、補償金を受け取ることができる仕組みになっています。会社が労災保険料を支払うことは、法律上の義務です。もし仮に会社が労災保険料を支払っていない場合でも、被災者や遺族は労災申請を行い、保険金を受け取ることができます。公務員については、公務災害として補償される制度が別にあります〔➡Q36以下参照〕。

　労働者の死亡が労災と認められた場合には、労災を発生させた企業は、労災認定をきちっと受け止め、二度と同じような事態が発生しないよう、再発防止に努めるべきです。

また、労災保険制度による労災補償とは別に、労働者の死亡について会社に責任がある場合には、企業に対して損害賠償請求をすることができます〔➡Q41以下参照〕。労災保険による補償と企業による補償とは、どちらも請求することができ、同時に請求することもできますが、労災申請手続を先行させるのが通常です。

●労災申請手続
　労災の申請は、被災者が勤務していた事業所を管轄している労働基準監督署に対して行います。労災補償を受ける権利は、被災者とその遺族に認められています。補償を受けることができる遺族の範囲については、Q02で説明します。
　労災申請のための請求書は、労働基準監督署に備え付けられています。請求書には、戸籍謄本や死亡診断書などの書類を添付することが必要です。申請書類の書き方や必要な添付書類については、労働基準監督署の窓口や弁護士等の専門家に確認してください。

●申請から結論まで
　労災申請をしてから結論が出るまでの期間は、厚生労働省は6か月以内と定めていますが、おおむね6か月から1年程度かかっているのが実状です。調査は労働基準監督署が行い、被災者側から提出された書類や資料のほかに、医療機関や会社からも資料を集めます。
　しかし、会社が重要な資料を労働基準監督署に提出しないこともあるので、労働基準監督署に任せきりにすることは避けるべきです。したがって、被災者や遺族も、独自に収集した証拠や調査結果などを労働基準監督署に提出する必要があります。被災者や遺族が労働基準監督署に提出した資料は、原則として会社側には開示されない仕組みになっています。
　また、定期的に担当官と連絡をとり、調査の進捗状況を確認してください。調査がきちっと行われるように、継続的に働きかけることが必要です。業務の実態を知る重要な関係者（上司、同僚、友人

など）については、直接お会いして話を聞き、その結果を陳述書や聴取報告書などの文書にまとめて、労働基準監督署に提出してください。話を聞くことができなかった関係者については、労働基準監督署に対して、事情聴取を行うよう要請することが大切です。

● 労災申請のすすめ

　会社が労災と認めていない場合でも、労災申請をあきらめるべきではありません。

　そもそも、労災申請を行う権利は労働者や遺族に認められており、会社が労災申請をするかどうかを決める権利はありません。また、労災かどうかを判断するのは、あくまで国（労働基準監督署）であり、会社ではありません。

　労災保険制度は、真面目に働いていた労働者が、危険な仕事や過重な労働によって倒れたり亡くなってしまった場合に備えて用意された制度であり、労働者やその遺族にはこの制度を利用する権利が保障されています。

　遺族のなかには、「労災申請をすると会社に迷惑をかける」と考える方もいますが、そのような心配をする必要はありません。会社は労災保険の適用を受けるために、月々の労災保険料を支払っているので、もし労災申請をしないのであれば、労災保険料を納めている意味がなくなります。また、法律上、会社は被災者や遺族の労災申請に協力する義務を負っています（労災保険法施行規則23条）。

　労災と認定されれば、金銭的補償を受けることができます〔➡Q03以下参照〕。また、国による公的な認定が得られることで、負傷や死亡が個人的な理由ではなく、仕事が原因であるということを明らかにすることができます。労災認定によるメリットは大変大きいといえます。死亡の原因が業務に関連する疑いがあると考えるのであれば、労災申請手続をとることをおすすめします。

● 申請書類の書き方の参考例

（※この申請書の画像は、労災保険の遺族補償年金支給請求書・遺族特別支給金・遺族特別年金支給申請書（様式第12号）の記入例であり、以下に主な記入内容を示す。）

様式第12号（表面）　業務災害用
労働者災害補償保険　遺族補償年金支給請求書／遺族特別支給金／遺族特別年金　支給申請書

- ③ 死亡労働者
  - フリガナ：コウノタロウ
  - 氏名：甲野太郎（男）
  - 生年月日：昭和47年1月1日（40歳）
  - 職種：営業職
  - 所属事業場の名称・所在地：株式会社○○　○○区△△町1-1-1
- ④ 負傷又は発病年月日：平成24年1月31日　午後11時30分頃
- ⑤ 死亡年月日：平成24年2月1日
- ⑥ 災害の原因及び発生状況：甲野太郎は、平成24年1月31日午後11時30分頃に、自宅で倒れ、くも膜下出血を発症し、同年2月1日に死亡した。

- ⑩ 請求人
  - 氏名：甲野花子（フリガナ：コウノハナコ）
  - 生年月日：昭和45年2月2日
  - 住所：○○区△△町2-2-2
  - 死亡労働者との関係：妻
  - 障害の有無：ない

- ⑪ 請求人（申請人）と生計を同じくしている請求人以外の受給権者
  - 甲野一郎　平成10年3月3日　○○区△△町2-2-2　長男　障害：ない　いる
  - 甲野二郎　平成13年4月4日　同上　二男　障害：ない　いる

- ⑬ 年金の払渡しを受けることを希望する金融機関又は郵便局
  - 金融機関名称：○○（銀行・金庫・農協・漁協・信組）　××支店
  - 預金の種類：普通　口座番号：第012345号　名義人：甲野花子

上記により遺族補償年金／遺族特別支給金／遺族特別年金の支給を請求／申請します。

平成24年4月1日　○○労働基準監督署長　殿

請求人　住所：○○区△△町2-2-2　氏名：甲野花子　印

（物品番号　6312）20.9

※左側注記：
- ③の死亡労働者の所属事業場名称・所在地欄には、死亡労働者の直接所属する事業場が一括適用の取扱いをしている支店、工場、工場現場等の場合に記入して下さい。
- 〔注意〕⑨の⑦及び⑨については、③の者が厚生年金保険の被保険者である場合に限り証明すること。

第Ⅰ章「過労死」「過労自殺」の労災保険による補償

02 労災の受給資格者

Q 夫が過労で死亡した場合、誰が労災の遺族補償給付を受けることができるのでしょうか？ 独身の息子が過労で死亡した場合は、誰が労災の遺族補償給付を受けることができるのでしょうか？

A 夫が死亡した場合は、妻が遺族補償年金を受給できます。独身の息子が死亡した場合は、両親が遺族補償一時金を受給できます。

●夫が死亡した場合

労働者が過労で亡くなった場合、その遺族が遺族補償給付を受けることができます。

夫が過労で亡くなった場合には、原則として夫の死亡当時にその収入によって生計を維持していた妻が、遺族補償年金を受け取ることができます。婚姻の届出をしていない事実婚の場合も含まれます。また、同じ家計であればよいので、共働きで収入がある妻も、遺族補償年金を受給できます。

労災保険の受給権者は、民法上の相続人の範囲とは異なるので、夫が過労で亡くなった場合、遺族補償年金を受給できるのは原則として妻だけです。ただし、未成年の子どもがいた場合には、受給できる年金の額が増えます。夫が過労で亡くなったときに、妻もすでに亡くなっていた場合には、原則として18歳未満の子どもが遺族補償年金を受給できます。

他方、夫ではなく妻が過労で亡くなった場合には、原則として夫は年金ではなく一時金しか受け取れません（夫が高齢の場合は、年金を受け取れることもあります）。本来、亡くなったのが「夫」なのか「妻」なのかで区別する合理的な理由はありませんので、今後改善される必要があります。

現在の制度上は、再婚した場合に遺族補償年金を受け取る権利を失うので、注意してください（この制度も改善が必要です）。

●独身の息子が死亡した場合

　独身の息子が死亡した場合には、原則として両親がまとまった遺族補償一時金を受け取ることができます。

　もっとも、被災者が独身であっても、被災者が両親と同じ世帯であり、家に毎月お金を入れていたような場合には、労働者の死亡の当時その収入によって生計を維持していたといえるので、一定年齢以上の両親に対して遺族補償年金が支給されます。

03 労災補償の内容 ①

Q 夫が過労で亡くなり、妻と子ども2人の生活です。労働基準監督署で労災と認められた場合、どの程度の補償を労災保険から受けることができるのでしょうか？

A はじめに一時金300万円と葬祭料が支給されます。また、遺族補償年金が月に20万円から30万円程度、生涯を通じて支給されます。

●遺族補償給付

　労働者の死亡当時にその収入によって生計を維持していた遺族に対し、遺族補償年金と遺族特別年金が支給されます。厚生年金保険等の社会保険からも年金を受給している場合には、金額の調整が少し行われます。この結果、労災保険からは月額20万円から30万円程度が生涯を通じて支給されるのが通常です。

　被災者の年収や遺族の人数、子どもの年齢等によって、支給される年金額は異なります。年金は、毎年偶数月の中旬に2か月分まとめて支給されます。

　また、遺族特別支給金として、はじめに一時金300万円が支給されます。

●葬祭料

　葬祭を執り行った遺族に対して、葬祭料が支給されます。金額は、平均賃金額を基礎にして算出されます。労災保険から葬祭料が支給された場合には、健康保険からの埋葬料は支給されません。

●労災就学等援護費

　就学している遺族の学費の支払いが困難な場合には、労災就学等援護費が支給されます。保育所や幼稚園であっても、遺族の就労のために預ける必要がある場合には支給されます。

● 遺族補償の計算例

> 給与年額が約500万円（給付基礎日額が1万4000円と仮定）、年間ボーナスが約73万円、遺族が妻及び子2人（11歳、16歳）の場合
>
> (1) 遺族特別支給金
> 　　300万円（定額）
>
> (2) 遺族補償年金
> 　　1万4000円（給付基礎日額）×223日分（遺族3人）
> 　　＝312万2000円（年額）
> 　　※ただし、厚生年金を受給している場合には減額
>
> (3) 遺族特別年金
> 　　2000円（年間ボーナス額÷365日）×223日分（遺族3人）
> 　　＝44万6000円（年額）
>
> (4) 葬祭料
> 　　1万4000円（給付基礎日額）×60日分＝84万円
>
> (5) 労災就学援護費
> 　　1万2000円（小学生）＋1万8000円（高校生）
> 　　＝3万円（月額）

※給付基礎日額とは、原則として死亡前3か月間の平均賃金日額のことです。
※遺族特別年金の計算式は、年間ボーナス額によって少し異なります。
※葬祭料の計算式は、給付基礎日額によって少し異なります。

04 労災補償の内容 ②

Q 一人暮らしをしていた息子が過労で亡くなりました。労働基準監督署で労災と認められた場合、どの程度の補償を労災保険から受けることができるのでしょうか？

A はじめに一時金300万円と葬祭料が支給されます。また、遺族補償一時金が800万円から1000万円程度支給されます。

　被災者が独身の場合など、労働者の死亡当時にその労働者の収入によって生計を維持していた遺族がいない場合には、両親に対してまとまった金額の遺族補償一時金が支給されます。被災者の年収によって、支給される金額は異なりますが、800万円から1000万円程度になるのが通常です。また、遺族特別支給金として、はじめに一時金300万円が支給されるほか、葬祭料も支給されます。被災者が独身で一人暮らしをしていても、両親に仕送りをしていたような場合には、両親に対して遺族補償年金が支給されることもあります。

● 遺族補償の計算例

> 給与年額が約365万円（給付基礎日額が1万円と仮定）、年間ボーナスが約73万円、被災者が独身で一人暮らし（両親への仕送りなし）の場合
>
> (1) 遺族特別支給金
>   300万円（定額）
> (2) 遺族補償一時金
>   1万円（給付基礎日額）×1000日分＝1000万円（一時金）
> (3) 遺族特別一時金
>   2000円（年間ボーナス額÷365日）×1000日分
>   ＝200万円（一時金）
> (4) 葬祭料
>   31万5000円＋1万円（給付基礎日額）×30日分＝61万5000円

05 労災補償の内容 ③

 過労による脳出血で倒れ、現在は通院治療中です。労働基準監督署で労災と認められた場合、どの程度の補償を労災保険から受けることができるのでしょうか？

 療養補償給付、休業補償給付が支給されます。また、障害の程度に応じて障害補償給付、介護補償給付などが支給されます。

● 療養補償給付

　仕事が原因で脳・心臓疾患や精神障害を発症した場合、労災と認定されれば、治療に要した費用について療養補償給付が支給されます。健康保険と異なり、支出した療養費が全額支給されます。死亡した場合であっても、亡くなるまでに治療期間があった場合には、その間の療養費が支給されます。

● 休業補償給付

　療養のために働くことができず賃金をもらえなかった期間については、休業補償給付として、賃金の60％に相当する金額が支給されます。賃金の20％については、労働福祉事業から休業特別支給金として支給されます。死亡した場合であっても、亡くなるまでに治療期間があった場合には、その間の休業補償が支給されます。療養補償給付や休業補償給付は、2年間の時効に注意してください〔➡Q08参照〕。

● 障害補償給付

　業務上の疾病の症状が固定した後、後遺症が残った場合には、1級から14級までの障害等級を認定し、等級に応じた障害補償給付、障害特別支給金が支給されます。1級から7級までの重い後遺症の場合には、年金で支給されます。

● 介護補償給付

　一定の障害の状態（常時介護または随時介護）に該当し、現に介

護を受けている場合には、介護補償給付が支給されます。

●留意すべき事項

　労災申請をしてから決定が出るまでは、6か月から1年程度の期間がかかるのが実状です。そのため、当面の収入を確保するために、健康保険制度の傷病手当金を申請することも可能ですが、労災と認定された場合には、返納することになります。

　また、長期にわたる精神障害で療養を継続している場合、現在の実務では、原則として最初に精神障害を発症した時の発症原因が問題となります。また、過去に精神障害を発症していたとしても、その後の治療で治癒または寛解しており、再び精神障害を発症したのであれば、後に発症した時の発症原因が問題となります。発症後の業務上の出来事によって精神障害が悪化した場合については、Q27を参照してください。

　療養中の労災申請については、労働者本人の事情聴取もあるため、通院治療中の本人にとって、精神的肉体的負担が大きいといえます。主治医の先生ともよく相談し、家族や友人、労働組合、NPOなどのサポートも得ながら、健康に気をつけて必要な手続を進めるようにしてください。

06 労災補償の実態

 日本で労災と認定されている過労死や過労自殺は、どの程度あるのでしょうか？

 平成22年度の民間労働者の労災申請のうち、脳・心臓疾患については合計285件（うち死亡は113件）、自殺・精神障害については合計308件（うち自殺は65件）が労災として認定されました。

　厚生労働省の発表（表1、2）によれば、2010年度の過労による脳・心臓疾患を理由にする労災申請件数は802件（前年度比35件増、うち死亡は270件）、補償が認められた支給決定件数は285件（前年度比8件減、うち死亡は113件）でした。

　一方、2010年度の過労による自殺・精神障害を理由にする労災申請件数は1181件（前年度比45件増、うち自殺は未遂も含め171件）、補償が認められた支給決定件数は308件（前年度比74件増、うち自殺は未遂も含め65件）であり、ともに過去最多となりました。

　日本の自殺者数は1998年から14年連続で3万人を突破するという異常な事態が続いています。増加する自殺の原因のひとつに、業務による過労やストレスがあるといえます。2011年3月に警察庁が発表した「平成22年中における自殺の概要資料」によれば、3万1690人の自殺者のうち、「勤務問題」を理由とした自殺者は2590人です。しかし、原因不明の自殺者がいること、「健康問題」（警察庁の分類項目の1つ）による自殺者のなかにはうつ病の人が多いと推定され、うつ病の原因が勤務である可能性もあることからすれば、勤務問題に関連する自殺者の数は2590人をかなり上回ると推測されます。過労死や過労自殺のうち、労災申請がなされているものは一部です。実際には、厚生労働省の発表を大きく超える件数の過労死・過労自殺が発生していると考えられます。

表1　脳血管疾患及び虚血性心疾患等（「過労死」等事案）の労災補償状況

年度 区分			2006 年度	2007 年度	2008 年度	2009 年度	2010 年度
脳・心臓疾患	請求件数		938	931	889	767	802
	決定件数 注2		818	856	797	709	696
		うち支給決定件数 注3	355	392	377	293	285
		認定率 注4	43.4%	45.8%	47.3%	41.3%	40.9%
うち死亡	請求件数		315	318	304	237	270
	決定件数 注2		303	316	313	253	272
		うち支給決定件数 注3	147	142	158	106	113
		認定率 注4	48.5%	44.9%	50.5%	41.9%	41.5%

注1：本表は、労働基準法施行規則別表1の2第9号（平成22年5月7日以降は第8号）に係る脳血管疾患及び虚血性心疾患等（「過労死」等事案）について集計したもの。
注2：決定件数は、当該年度内に業務上又は業務外いずれかの決定を行った件数で、当該年度以前に請求があったものを含む。
注3：支給決定件数は、決定件数のうち「業務上」と認定した件数。
注4：認定率は、支給決定件数を決定件数で除した数。

表2　精神障害等の労災補償状況

年度 区分			2006 年度	2007 年度	2008 年度	2009 年度	2010 年度
精神障害等	請求件数		819	952	927	1136	1181
	決定件数 注2		607	812	862	852	1061
		うち支給決定件数 注3	205	268	269	234	308
		認定率 注4	33.8%	33.0%	31.2%	27.5%	29.0%
うち自殺 （未遂を含む）	請求件数		176	164	148	157	171
	決定件数 注2		156	178	161	140	170
		うち支給決定件数 注3	66	81	66	63	65
		認定率 注4	42.3%	45.5%	41.0%	45.0%	38.2%

注1：本表は、労働基準法施行規則別表1の2第9号（平成22年5月7日以降は第8号）に係る精神障害等について集計したもの。
注2：決定件数は、当該年度内に業務上又は業務外いずれかの決定を行った件数で、当該年度以前に請求があったものを含む。
注3：支給決定件数は、決定件数のうち「業務上」と認定した件数。
注4：認定率は、支給決定件数を決定件数で除した数。
出典：厚生労働省「平成22年度　脳・心臓疾患及び精神障害などの労災補償状況まとめ」

07 | 申請方法

 労災申請書類への証明を会社に拒否されましたが、申請することはできるのでしょうか？

 事業主の証明印がなくとも、申請できます。

　過労によって負傷または死亡した労働者やその遺族には、労災申請を行う権利が認められています。被災者や遺族の固有の権利であり、会社の許可を得る必要はありません。会社が過労死と認めていなくとも、労災申請はできます。また、被災者や遺族がみずから労災申請手続を行うことが困難である場合には、事業主は被災者や遺族が労災申請手続を行うことができるよう、助力する義務があり、被災者や遺族から労災申請書類に必要な証明を求められた場合には、速やかに証明をしなければなりません（労災保険法施行規則23条）。申請書類には、事業主の証明が必要とされる事項（雇用関係の有無、災害発生状況など）の欄があるため、申請に先立ち、事業主に協力を求めることになります。しかし、現実にはこの協力義務に反して、証明を拒否する事業主が存在します。事業主が協力義務に違反している場合に、被災者や遺族が不利益を被るいわれはなく、被災者や遺族は事業主の証明印がなくとも、労災申請が可能です。実務上は、事業主に証明を拒否されたことを上申する説明文書を添付して申請するとよいでしょう。なお、「災害の原因及び発生状況」には、必ずしも「労災」「過労死」「過労自殺」と明記する必要はありません。被災者が亡くなった日時・場所・病名だけを書けば足りるので、そのような記載であれば、証明に応じる事業主もいます（もちろん、事業主が「労災」であることを証明すれば、より望ましいです）。過重な労働の実態については、別途詳しい説明文書や労働時間集計表を労働基準監督署に提出することが大切です〔➡Q15参照〕。

08 | 時効

 息子が過労で亡くなってから3年が経ってしまいました。今からでも労災の申請はできますか？

 遺族補償給付の時効は5年ですので、今からでも労災の申請はできます。

　労災の請求権には、5年で時効になるものと、2年で時効になるものがあるので、注意が必要です。

　過労死の場合、多くの遺族は遺族補償給付と葬祭料を請求することになります。遺族補償給付の時効は5年であり、葬祭料の時効は2年です。そのほか、障害補償給付の時効は5年、療養補償給付、休業補償給付、介護補償給付の時効は2年です（労災保険法42条）。

　ご質問の場合のように、過労による死亡からすでに3年が経過している場合は、法律上は葬祭料の2年の時効が成立しており、遺族補償給付しか請求できないことになります。

　しかし、5年の時効が成立する前に、現実に遺族補償給付請求が行われているのであれば、実務上は労災認定された際に、葬祭料の支給もなされることがあります。5年の時効が成立する前に申請を行った場合は、2年が経っていてもあきらめずに、労働基準監督署に葬祭料も申請するようにしてください。

　また、療養補償給付や休業補償給付の時効は2年ですが、治療の開始から2年が経過してしまった場合でも、すべてが支給されないという意味ではないことに注意してください。請求の時点から2年以内に支払った療養費や、2年以内の休業分の補償については、日ごとに請求することができます。

09 労働者性

 中小企業の部長であり、名目上の取締役でしたが、労災保険の対象になるのでしょうか？

 取締役であっても、社長の指揮命令のもとで業務に従事していたのであれば、労災保険の対象になります。

　労災保険制度は、「労働者」が業務上の原因で負傷または死亡した場合に適用されます。「労働者」とは、「事業または事務所に使用される者で、賃金を支払われる者」（労働基準法9条）であり、「労働者」かどうかは、勤務の実態に照らして判断されることになります。したがって、肩書きが「取締役」などの会社役員であっても、実際には業務執行権のない名目上の取締役にすぎず、代表取締役社長などの指揮命令のもとで業務に従事していたのであれば、「労働者」として労災保険の対象になります。判例も、建設機械の卸販売会社の理事および執行役員だった男性が、脳出血で死亡した事案について、取締役や執行役員だった期間も一貫して建設機械部門における一般従業員の管理職が行う営業・販売業務に従事してきたものであり、その業務実態に質的な変化はなく、会社からの指揮監督を受け、その対価として報酬を受けていたということができ、従業員としての実質を有していた者と認められることから、労災保険法上の「労働者」に該当すると判断しています（マルカキカイ事件・東京地裁平成23年5月19日判決・労働判例1034号62頁）。

　また、かばん等の卸売会社の専務取締役だった男性が、出張中に急性循環不全で死亡した事案について、専務取締役就任の前後で担当業務に格別変化がなく、専務取締役の就任をもって直ちに会社との使用従属関係が消滅したとはいえないとして、労働者性を認めた例もあります（おかざき事件・大阪地裁平成15年10月29日判決・労働判例866号58頁）。

10 特別加入制度 ①

 自営業者ですが、労災保険の対象になるのでしょうか？

 自営業者であっても、任意に保険料を支払う特別加入の手続きをとれば、労災保険の対象になります。

労災保険制度は、「労働者を使用する事業」に適用されます。「労働者」とは、「事業または事務所に使用される者で、賃金を支払われる者」（労働基準法9条）であり、「労働者」かどうかは、勤務の実態に照らして判断されることになります。したがって、契約の名目が「委託」や「請負」であったとしても、その契約の実態が使用者に従属する関係であれば、労働者と認められます。また、正社員だけでなく、パート社員や派遣社員であっても、労働者として労災保険制度の対象になります。

他方、自営業者や一人親方などは「使用される」関係にないため、原則として「労働者」ではありません。

しかし、自ら保険料を支払って任意に特別加入の手続をとれば、手続をとった後のケガや病気について労災保険制度の対象となります（労災保険法33条）。特別加入制度は、労働者でない場合でも、その業務の実状や労災の発生状況などからみて、とくに労働者に準じて保護することが適当であると認められる人々について、特別に任意加入を認めている制度です。自営業者、一人親方のほかに、一定数の労働者を使用する中小事業主、特定作業従事者、海外派遣者〔➡Q11参照〕なども、特別加入の対象となります。

11 特別加入制度 ②

 夫が海外へ出張中に亡くなりました。日本での労災申請はできるのでしょうか？

 海外出張中の死亡であっても、労災申請はできます。

　労災保険制度は、労働者が業務上の原因で負傷または死亡したのであれば、日本国内で働いている場合でも、海外へ出張している場合でも、利用できます。したがって、海外出張中に死亡した場合は、日本国内の事業場に所属する労働者として、日本で労災申請ができます。

　他方、海外の現地法人に出向して働いている場合などには、問題が生じることがあります。このような場合には、海外での労災保険制度に基づき補償を受けるべきなので、日本の労災保険制度は適用されないとの考え方もあります。

　しかし、海外の現地法人に出向して働いている場合でも、会社が任意で特別加入の手続をとっていれば、日本で労災申請ができます。日本国内で行われる事業から派遣されて、海外支店、工場、現場、現地法人、海外の提携先企業など海外で行われる事業に従事する労働者などについては、会社が任意で特別加入をすることが認められています（労災保険法33条）。

　仮に会社が特別加入の手続をとっていなかった場合、一般に日本での労災申請は難しいといわれていますが、日本からの具体的な指揮命令の実態から、海外出張と同一視できる場合は、一般の労災保険制度の適用が可能となることがあります。

　また、特別加入の手続をとっていなかったことについて、企業に落ち度があった場合には、労災保険給付金に相当する補償を企業に求めることも考えられます。

12 | 退職後の死亡

 会社を退職した2週間後にくも膜下出血を発症して死亡した場合も、労災の対象になりますか?

 退職後の発症及び死亡でも、労災の対象となります。

　発症前の長期間(おおむね6か月間)にわたって、過重な業務に従事していたのであれば、原則として労災と認められます〔➡Q14参照〕。したがって、退職後の死亡であっても、発症前に従事していた業務が過重であれば、労災と認められるといえます。退職後の脳・心臓疾患だけでなく、退職後の精神障害発症や自殺でも、労災と認められます。

　もっとも、退職後数か月にわたって休業していた場合などは、休息によって疲労が回復されたと判断され、業務起因性が認められにくくなる可能性もあることから、注意が必要です。

　退職から発症までの期間が長い場合は、退職前の業務による負荷の大きさ、退職後の生活状況などを調べ、完全な休養がとれておらず、疲労が回復したとはいえないことを主張していくことが必要です。

　退職後の死亡に関しては、退職前の職場で月80時間から100時間前後の残業を継続しており、退職後5日間休業して、6日目に別の会社で勤務を開始し、7日目に発症した場合に、労災認定された事例があります(大阪天満労基署長平成14年5月14日決定)。また、採用後わずか3か月の経験しかない保育士が、新任保母5名のまとめ役を任され、1日10時間近く勤務するなどの過重な業務に従事し、退職後1か月して自殺した場合に、労災認定された事例もあります(加古川労基署長保育士過労自殺事件・東京地裁平成18年9月4日判決・労働判例924号32頁)。

13 複数の職場で勤務していた場合

 A社とB社で兼業していたところ、過労が原因で脳梗塞を発症し、通院治療中です。このような場合も、労災の対象になりますか？

 複数の職場で勤務していた場合も、労災の対象となります。

　複数の職場で勤務していた労働者が、過労が原因で脳・心臓疾患や精神障害を発症した場合は、複数の職場における勤務実態を総合的に判断します。その結果、過重な労働に従事していたと認められれば、労災と認定されます。

　ご質問のような場合、たとえば発症前3か月間について、A社で月平均50時間の時間外労働を行っており、B社で月平均40時間の時間外労働を行っていた等の事情があれば、発症前の長期間にわたって月平均90時間以上の時間外労働に従事していたといえるので、原則として労災と認定されることになります。

　実際に、兼業をしていた労働者が過労によるうつ病で自殺した場合に、複数の職場で勤務した労働時間を合算して業務の過重性を判断し、労災と認定した事例があります（東京労働者災害補償保険審査官平成19年5月15日決定）。

　近年は、不況の影響もあり、仕事を掛け持ちして生活を維持している労働者が増えています。複数の職場で勤務する労働者の病気について、過労が原因で労災と認定された場合は、どちらの職場での勤務も、その発症原因に関係しているといえます。なお、現在の実務では、支給金額決定の基礎となる平均賃金の算定において、1つの職場の賃金のみに基づく計算がされているという問題があります。労働者の生活保障のためには、複数の職場の賃金を合算すべきです。

休むことの大切さ

「風邪？ のど痛い？ 明日休めないんでしょ？」「熱っぽい？ 仕事休めないの？」。ある女優がマフラーをしたり、帽子をかぶって語りかけるCM。例年以上に寒かった2012年の真冬に流されたこのCMでは、ある新しい風邪薬が宣伝されていた。

率直なところ、私はこのCMを見て、とても違和感を感じた。風邪気味なので、のどが痛くとも、熱っぽい状態であっても、仕事を休まずに出勤することを前提にしているからである。

本来であれば、のどが痛いとか、熱っぽいのであれば、病院に行き、正確な診断を受けるのが筋である。

そのために、仕事との関係では、できれば1日休暇をとるか、少なくとも数時間程度の休暇をとって医師による診断を受けることが必要ではなかろうか。

たんなる軽い風邪と思っても、悪性のインフルエンザであることも少なくない。そのような場合には、本人の健康が悪化することはもちろん、それだけでなく、職場の人々にウイルスを拡散し大変な迷惑をかけてしまう。労働衛生、公衆衛生の基本をよく理解していないCMと言わざるをえない。

過労死は、突然に発症して死亡に至ると言われるが、実際には、ほとんどのケースで、何らかの前兆がある。「もしあの日にきちっと休んでいたら、命を落とさずにすんだかもしれない」、このようなご遺族の言葉を何度聞いたことであろうか。

日本では、休むことの大切さがまだまだ理解されていない。働く者の健康管理にとっては、仕事に対する影響があったとしても、「勇気をもって休む」ことが、何よりの健康回復策である。そのような考え方が職場に社会に根づいていくことが、過労死の予防につながると確信している。

［川人　博］

第Ⅱ章
労災の認定基準

- Q14【労災の認定基準】
- Q15【長時間労働の立証方法】
- Q16【業務上の出来事の立証方法】
- Q17【脳・心臓疾患における時間外労働時間の評価】
- Q18【脳・心臓疾患の対象疾病 ①】
- Q19【脳・心臓疾患の対象疾病 ②】
- Q20【基礎疾病】
- Q21【飲酒・喫煙】
- Q22【治療機会の喪失】
- Q23【精神障害・自殺における心理的負荷】
- Q24【いじめ・パワーハラスメント】
- Q25【セクシュアルハラスメント】
- Q26【精神障害発症の証明】
- Q27【発症後の増悪】
- Q28【遺書】
- Q29【療養中の解雇】
- Q30【生命保険契約の自殺免責約款】

14 労災の認定基準

過労死や過労自殺が、労災と認定されるための要件を教えて下さい。

発症前に従事していた労働が量的及び質的にみて過重であったことと、対象となる疾病を発症していたことが証明できれば、労災と認定されます。

● 業務の過重性の考え方

　過労死や過労自殺が労災と認められるためには、発症前に従事していた労働が量的及び質的にみて過重であり、その結果、対象となる疾病を発症したことが必要です。

　量的な過重性とは、主に長時間労働に従事していたことをさします。脳・心臓疾患の場合は、発症前1か月間におおむね100時間、または発症前2か月間ないし6か月間にわたって、1か月当たりおおむね80時間を超える時間外労働が認められれば、原則として労災と認められています。実務上、発症前2か月間だけでも時間外労働の平均がおおむね80時間を超えていれば、原則として労災と認定されます。しかし、精神障害や自殺の場合は、時間外労働時間の評価について、脳・心臓疾患の場合よりも高いハードルを設定しています〔➡Q23参照〕。

　質的な過重性とは、主に労働の実態や過密度をさします。脳・心臓疾患の場合は、勤務の不規則性、拘束時間の長さ、出張の量や内容、交替制勤務や深夜勤務の頻度や内容、作業環境（温度・騒音・時差など）、精神的緊張の有無などが評価されます。精神障害や自殺については、業務上の出来事による心理的負荷の程度が重視され、業務上の出来事に伴う仕事の裁量性の欠如、職場環境の悪化、職場の支援や協力の有無、出来事の数や近接性などが評価されるほか、いじめやハラスメント（パワーハラスメント・セクシャルハラスメン

ト）があったことも評価されます。

このように、脳・心臓疾患の場合と精神障害・自殺の場合とで、業務の過重性についての基本的な考え方は共通していますが、長時間労働の評価や心理的負荷の程度の評価など、異なる点もあることには注意してください。

● 労災の認定基準

厚生労働省は、民間労働者の場合の業務の過重性の考え方について、認定基準を作っています。脳・心臓疾患については、「脳血管疾患及び虚血性心疾患等（負傷に起因するものを除く。）の認定基準について」（平成13年12月12日付基発第1063号）という通達〔**巻末資料1**〕が、精神障害や自殺については、「心理的負荷による精神障害の認定基準について」（平成23年12月26日付基発1226第1号）という通達〔**巻末資料2**〕が出されています。労働基準監督署は、この認定基準に基づき、労災かどうかを判断します。

しかし、認定基準は業務の過重性を過小評価していることなど、今後改善すべきところが多くあります。認定基準は行政内部の通達なので、裁判ではこの認定基準に必ずしも拘束されることなく、より常識的な判断がなされています。実際に、労働基準監督署などで業務外とされても、行政訴訟で逆転し、労災と認定された例も多くあります。このような裁判例の積み重ねによって、過去の認定基準が少しずつ改正されてきたという歴史があります。

したがって、認定基準にあてはまらないからといって、すぐにあきらめる必要はなく、専門の弁護士等に相談してみてください。労災認定をもっと改善するために、一緒に頑張りましょう。

15 長時間労働の立証方法

 夫の職場にはタイムカードがありませんでした。長時間労働を証明するためにどのような資料を集めればよいのでしょうか？

 労働実態に関わるあらゆる資料を集めるほかに、一緒に勤務していた同僚などから、勤務状況に関する話を聞いてください。

●労働時間を証明する資料

　労働時間を証明する資料のうち、会社が保管していることが多いものは、タイムカード、出勤簿、入退館・入退室記録、警備記録、最終退出簿、休日出勤記録簿、残業・宿泊申請書、社内で業務上使用していたパソコンのログオン・ログオフ記録、メールの送受信記録、シフト表、スケジュール表、賃金台帳、給与明細書、業務日報、出張報告書、会議の議事録、交通費の精算書、タコグラフなどです。

　会社によっては、これらを廃棄したり改ざんするおそれもあるため、できるだけ早く入手する必要があります。会社が労働基準監督署にすべてを提出するとはかぎらないため、遺族が労災申請の前に収集し、あらかじめこれらの証拠に基づいて労働時間を計算したうえで、申請時には労働時間集計表（労働時間集計表の記載例参照）と一緒に証拠を提出することが望ましいといえます。

　会社が資料を任意に提出しない場合は、裁判所を通じて資料を交付させる手段（証拠保全手続）もありますので、専門家である弁護士に相談してください。証拠保全期日には、パソコンの専門家であるシステムエンジニアなどを同行し、より確実に証拠を保全できるようにする方法があります。

　また、労働者本人が持っていたパソコンのログオン・ログオフ記録、メールの送受信記録、携帯電話の発着信・メール送受信記録、タクシーの領収書、交通機関の利用履歴（Suica、PASMO等）、手帳、日記、ノート、メモ帳、書き込みのあるカレンダーなども、労働時

間を証明する資料になります。

　資料にかぎらず、「◇◇さんは毎日午後11時過ぎまで勤務していました」という同僚の証言なども、労働時間を証明する証拠になりますので、電子的な記録が残っていない場合もあきらめないでください。関係者から聞いた話は、陳述書や聴取報告書などの文書にまとめて、労働基準監督署に提出するとよいでしょう。

　遺族が話を聞くことができなかった関係者については、労働基準監督署に対し、聴取対象者にしてほしいと要請するべきです。

●留意すべき事項

　パソコンにパスワードが掛かっていて、開くことができない場合は、無理にパスワードを解除しようとせず、パソコンの専門家であるシステムエンジニアに相談してください。

　また、パソコンや携帯電話の送受信記録は、時間の経過とともに自動的に消えていくことがあります。記録の復元には時間や費用がかかり、また復元できないこともあるため、携帯電話会社に連絡してデータを保存してもらうか、早期の段階でSDカードにデータを写すなどして、バックアップをとってください。メールの送受信画面をカメラで撮影した写真なども、証拠になります（携帯電話のデータを証拠化する例参照）。

　上記の資料は、労働時間を証明する資料の一例です。他方で、このような資料がない場合や、協力者が得られない場合は、労災と認定されないというわけではありません。できるかぎりの証拠を集めて労働基準監督署に提出したうえで、労働基準監督署がきちっと調査を進めるよう、働きかけることが大切です。

● 労働時間集計表の記載例

	労働時間 (始業〜終業)	1日の 拘束時間数	1日の 労働時間数	総労働 時間数	時間外 労働時間数
9/1 (月)	8:00〜19:00	11:00	10:00	①	⑥=①-40
8/31 (日)	休日				
/30 (土)	休日			50:00	10:00
/29 (金)	8:00〜19:00	11:00	10:00		
/28 (木)	8:00〜19:00	11:00	10:00		
/27 (水)	8:00〜19:00	11:00	10:00		
/26 (火)	8:00〜19:00	11:00	10:00		
/25 (月)	8:00〜19:00	11:00	10:00	②	⑦=②-40
/24 (日)	休日				
/23 (土)	休日			10:00	0:00
/22 (金)	夏期休暇				
/21 (木)	夏期休暇				
/20 (水)	夏期休暇				
/19 (火)	夏期休暇				
/18 (月)	夏期休暇			③	⑧=③-40
/17 (日)	休日				
/16 (土)	休日				
/15 (金)	8:00〜22:30	14:30	13:00	58:00	18:00
/14 (木)	8:00〜22:30	14:30	13:00		
/13 (水)	8:00〜24:00	16:00	14:30		
/12 (火)	8:00〜27:00	19:00	17:30		
/11 (月)	8:00〜22:00	14:00	12:30	④	⑨=④-40
/10 (日)	休日				
/9 (土)	16:00〜28:00	12:00	11:00		
/8 (金)	16:00〜28:00	12:00	11:00	57:30	17:30
/7 (木)	16:00〜28:00	12:00	11:00		
/6 (水)	16:00〜29:00	13:00	12:00		
/5 (火)	有給休暇				
/4 (月)	16:00〜28:00	12:00	11:00	⑤	⑩=⑤-X(8)
/3 (日)	休日			11:00	3:00
合計		205:00		①〜⑤ 186:30	⑥〜⑩ 48:30

※8/3、4の計算方法：7/29〜8/2までの5日間の就労状況をみて、休日が2日以上ある場合はX=16とする。休日が1日ある場合はX=8とする。休日がない場合にはX=0とする

出典：厚生労働省労働基準局労災補償部 補償課職業病認定対策室「脳・心臓疾患の労災認定実務要領」

●携帯電話のデータを証拠化する例

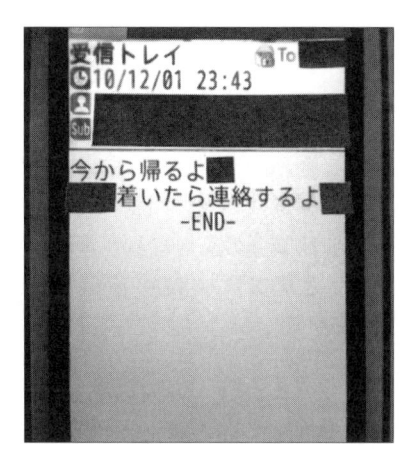

●パソコンのログオン・ログオフ記録

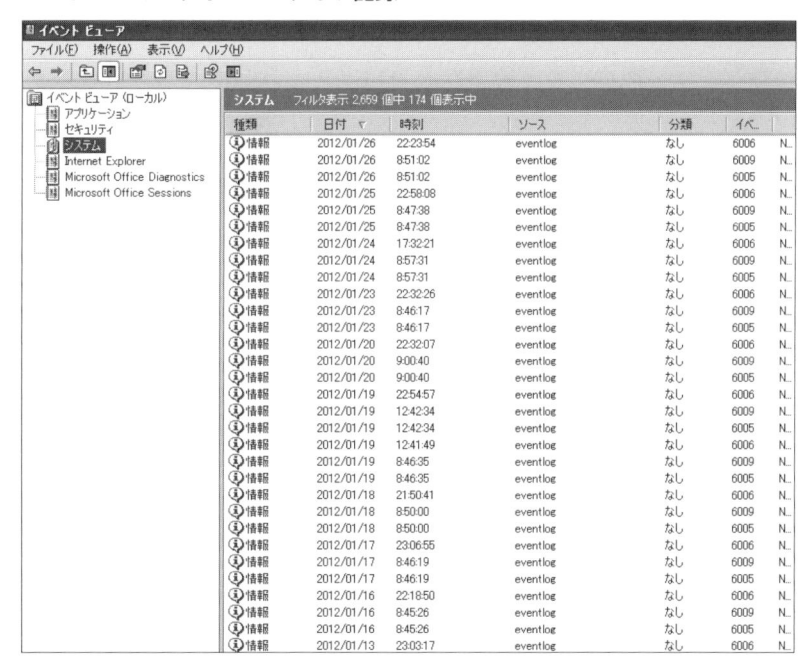

16 業務上の出来事の立証方法

Q 過労による脳・心臓疾患の場合、労働時間以外に評価される業務の過重性とは何でしょうか？ それを証明するためには、どのようにすればよいのでしょうか？

A 勤務の不規則性、拘束時間の長さ、出張の量や内容、交替制勤務や深夜勤務の頻度や内容、作業環境（温度・騒音・時差など）、精神的緊張の有無などが評価されます。スケジュール表、業務日報などの資料のほか、同僚の証言によっても証明することができます。

　過労による脳・心臓疾患の場合、長時間労働以外に、勤務の不規則性、拘束時間の長さ、出張の量や内容、交替制勤務や深夜勤務の頻度や内容、作業環境（温度・騒音・時差など）、精神的緊張の有無などが、業務の過重性として評価されます。このような業務の質的過重性は、過労による自殺や精神障害の場合にも、心理的負荷の程度を判断するにあたって考慮される事情です。長時間労働以外の勤務の実態も、スケジュール表、シフト表、業務日報、業務報告書、パソコンや携帯電話のメールの内容、手帳・メモ帳・ノートの記載など、労働時間を証明する資料〔➡Q15参照〕から分かることが多いです。スケジュール表や業務日報などは、文書としてではなく、WEB上の入力システムで管理されていることもありますので、会社に確認してください。出張の回数や行き先、内容などは、出張報告書、交通費の精算書、電車や航空チケットの予約履歴、高速道路のETC記録などから分かることもあります。海外出張が多かった場合は、時差の程度や移動の頻度なども評価されます。作業環境が劣悪であることを証明するために、就業場所の温度環境や騒音環境、執務スペースの二酸化炭素の濃度を調査することもあります。また、勤務実態に関する同僚や友人の証言なども証拠になります。会社が保有する資料の位置づけや内容が分からないときは、関係者から話を聞くとよいでしょう。

17 | 脳・心臓疾患における時間外労働時間の評価

Q 夫が心筋梗塞で死亡しましたが、残業時間は月60時間程度であり、月平均80時間以上という基準を満たしません。労災認定されるのは難しいでしょうか？

A 時間外労働時間が脳・心臓疾患の認定基準が定める時間数未満であっても、労災と認定されることがあります。

　脳・心臓疾患の認定基準は、発症前1か月間におおむね100時間、または発症前2か月間ないし6か月間にわたっておおむね80時間を超える時間外労働時間が認められる場合には、原則として労災と認める立場をとっています〔➡Q14参照〕。

　しかし、このような長時間労働がなければ労災と認められないわけではありません。過重性の判断にあたっては、労働時間以外の要素も考慮されるので〔➡Q16参照〕、発症前おおむね6か月間の時間外労働時間が月平均80時間未満であっても、業務の質的な過重性を評価し、労災と認定されることがあります。厚生労働省の発表によれば、脳・心臓疾患で時間外労働時間が月平均80時間未満であっても、年間20件近くが労災と認定されています。

　また、裁判所は必ずしも認定基準に拘束されず、業務の量的及び質的な過重性を総合的に評価する立場をとっており、6か月を超える期間の業務の過重性も考慮しています〔➡Q35参照〕。

　実際に裁判所は、情報関連機器会社の社員がくも膜下出血で死亡した事案について、発症前6か月間にわたる1か月あたりの時間外労働時間が30時間未満であったにもかかわらず、発症前約10か月間のうち合計183日間にも及ぶ海外出張やその後の国内出張が、肉体的・精神的負担を蓄積させるものだったとして、労災と認めています（セイコーエプソン事件・東京高裁平成20年5月22日判決・労働判例968号58頁）。

18 | 脳・心臓疾患の対象疾病 ①

Q 死亡診断書に、「くも膜下出血」などの病名がはっきりと書かれていない場合でも、労災と認定されるのでしょうか？

A 補償の対象である疾病ではないことが明らかでなければ、原則として対象疾病にあたり、認定基準に従って認定されます。

　脳・心臓疾患の認定基準は、補償の対象となる疾病を、8種類に分類しています。脳血管疾患については、①脳内出血（脳出血）、②くも膜下出血、③脳梗塞、④高血圧性脳症の4種類であり、虚血性心疾患等については、①心筋梗塞、②狭心症、③心停止（心臓性突然死を含む。）、④解離性大動脈瘤の4種類です。

　死亡診断書には、たとえば「脳卒中」「急性心不全」などと書かれていることがあります。これらは疾病を総称する呼び方なので、死亡の原因となった病名が対象疾病に当たるのかどうか、死亡診断書だけでは、はっきり分からないこともあります。

　しかし、死亡診断書に「くも膜下出血」などの病名がはっきりと書かれていない場合であっても、対象疾病以外の疾病であることが明らかにならなければ、原則として対象疾病にあたると判断され、認定基準に従って認定されることになります。

　認定基準は、脳卒中や急性心不全について、「対象疾病以外の疾病であることが確認された場合を除き、本認定基準によって判断して差し支えない」としています。また、不整脈について、「『不整脈による突然死等』は、不整脈が一義的な原因となって心停止又は心不全症状等を発症したものであること」から、「『心停止（心臓性突然死を含む。）』に含めて取り扱うこと」としています。

19 | 脳・心臓疾患の対象疾病 ②

Q 持病だった喘息の発作で死亡した場合も、労災と認定されるのでしょうか？

A 喘息による死亡も労災認定されます。

　認定基準の対象疾病には、「喘息」等の疾病が含まれていませんが、対象疾病に該当しない病名であっても、労災と認定されることがあります。たとえば気管支喘息は、過労による体力の消耗、免疫力の低下、労働環境の悪化、肉体的・精神的ストレス等によって引き起こされる疾病なので、過重な業務が基礎疾患である喘息を悪化させて死亡に至ることがあります。このような場合、業務の過重性が証明できれば、その他の対象疾病と同様に、労災として認定されます。実際に裁判例のなかには、気管支喘息の発作で急性心不全により死亡した事案などについて、労災と認めた例が複数存在します（新太平洋建設事件・東京高裁平成15年9月30日判決・労働判例857号91頁、小樽中央自動車学校事件・札幌高裁平成21年1月30日判決・労働判例980号5頁）。また、十二指腸潰瘍も、過労によるストレス等が原因で引き起こされる疾病の一つです。裁判所は、ヘリコバクター・ピロリ菌感染及び慢性十二指腸潰瘍を有していた貿易会社の営業員の男性が、海外出張中にせん孔性十二指腸潰瘍を発症し療養していた事案について、14日間に6つの国と地域を回る過密な日程のもとで、12日間にわたり休日もなく連日長時間の勤務を続けるなどの過重な勤務に従事していたとして、労災と認めています（ゴールドリングジャパン事件・最高裁平成16年9月7日判決・労働判例880号42頁）。したがって、認定基準の対象疾病以外の疾患であっても、すぐにあきらめるのではなく、当該疾病と過重労働の関係について調査し、過労によるストレスとの関連性を主張していくことが大切です。

20 | 基礎疾病

Q もともと心臓病があった場合でも、労災と認定されますか？

A 業務の過重性が認められるのであれば、原則として労災と認定されます。

　先天的な基礎疾患を有している場合でも、通常業務を支障なく遂行していたのであれば、過重労働によって労働者の基礎疾患が自然経過を超えて増悪し脳・心臓疾患を発症したといえ、労災と認定されます。重い基礎疾患がある事例でも、業務の過重性を主張していくことが重要です

　改正前の脳・心臓疾患の認定基準（平成7年2月1日付基発38号）では、先天性心疾患等（高血圧性心疾患、心筋症、心筋炎等を含む）を有する場合について、「先天性心疾患等を有していても、その病態が安定しており、直ちに重篤な状態に至るとは考えられない場合であって、業務による明らかな過重負荷によって急激に著しく重篤な状態に至ったと認められる場合には、業務の発症との関連が認められる」とされていました。現在の認定基準でも、この考え方は変更されていません。

　裁判所も、心筋梗塞の診断を受けていた公務員が、バレーボールの試合に出場した際に急性心筋梗塞を発症して死亡した事案について、心臓疾患がその自然の経過によって心筋梗塞を発症させる寸前までには増悪しておらず、バレーボールの試合に出場したことによる身体的負荷があったとして、被災者の死亡を公務上災害と認めています（内之浦町教職員事件・最高裁平成18年3月3日判決・労働判例919号5頁）。

21 | 飲酒・喫煙

Q 飲酒量が多く、喫煙していた場合も、労災と認定されますか？

A 業務の過重性が認められるのであれば、原則として労災と認定されます。

　脳や心臓の疾患は、業務上の負荷のほかに、加齢、食生活等の日常生活による負荷により、長い年月の生活の営みのなかで徐々に血管病変等が形成、進行および増悪するといった自然経過をたどり発症するものだと考えられています。したがって、発症には高血圧、飲酒、喫煙、高脂血症、肥満、糖尿病等のリスクファクターが関与しており、リスクファクターが多い人ほど、発症のリスクも高いとされています。労災認定の際にも、これらのリスクファクターが疾病に与える影響は、一定程度考慮されます。

　しかし、もっとも重要なのは業務の過重性です。飲酒や喫煙などのリスクファクターがある場合でも、過重な業務に従事していたことが証明できれば、原則として労災と認定されます。

　認定基準の運用通達（「脳血管疾患及び虚血性心疾患等（負傷に起因するものを除く。）の認定基準の運用上の留意点等について」（平成13年12月12日付基労補発第31号）でも、「リスクファクター及び基礎疾患の状態、程度を十分検討する必要があるが、認定基準の要件に該当する事案については、明らかに業務以外の原因により発症したと認められる場合等の特段の事情がない限り、業務起因性が認められるものである」とされています。

　したがって、飲酒量が多い、喫煙本数が多いなど、リスクファクターが存在する事案でも、必要以上に気にせず、業務の過重性を明らかにすることが大切です。

22 治療機会の喪失

Q 夫が勤務中に過労で体調を崩したのですが、仕事が多忙で病院に行くことができずに死亡しました。労災として認められるのでしょうか?

A 業務上の理由で治療の機会が得られなかった場合は、労災として認められることがあります。

　現在の認定基準には、脳・心臓疾患を発症後、治療機会が得られなかったことによって死亡した場合の考え方について、明確な基準がありません。

　しかし、裁判所は、製本会社に勤務していた断裁工員が、くも膜下出血の前駆症状である頭痛を訴えた後、会社繁忙のため休暇を取得できずに勤務に従事し、くも膜下出血を発症し死亡した事案で、労災と認定しています（永井製本事件・最高裁平成14年12月24日付上告受理申立不受理決定）。また、公立高校の体育教師が労作型の不安定狭心症を発症した後、入院や治療等ができずに公務を続け、心筋梗塞により死亡した事案についても、公務上災害と認定しています（町田高校事件・最高裁平成8年1月23日判決・労働判例687号16頁）。

　したがって、脳・心臓疾患（前駆症状を含む）の発症前に従事していた業務が必ずしも過重でなくとも、発症後直ちに安静を保ち適切な治療を受ける必要があったにもかかわらず、引き続き業務に従事せざるを得ない状況のもとで業務に従事し、その結果、疾病を増悪させて死亡した場合には、「治療機会の喪失」との理由で、労災と認められる可能性があります。

23 精神障害・自殺における心理的負荷

Q 息子が過労で自殺しました。1か月の残業時間が100時間を超えていましたが、労災と認められるでしょうか？

A 月100時間以上の残業をしていた場合には、多くの場合に労災と認められます。

●業務上の出来事と長時間労働

　過労自殺が労災と認められるためには、精神障害の発症前おおむね6か月の間に業務による強い心理的負荷が認められることが要件の一つとなっています。

　精神障害・自殺の新しい認定基準は、業務による心理的負荷の強度を判断する参考資料として、別表1「業務による心理的負荷評価表」〔巻末資料2の別表1〕をつけています。この表では、「転勤をした」「ノルマが達成できなかった」「仕事内容・仕事量の変化を生じさせる出来事があった」「顧客や取引先からクレームを受けた」などの業務上の出来事が掲げられています。

　たとえば「転勤をした」という出来事がある場合は、転勤後の仕事内容の変化が大きいこと、転勤後の業務が困難であること、業務量が多く長時間労働であることなどの事情が重要となります。仕事の裁量性が欠如していたこと、職場環境が悪化していたこと、職場の支援や協力が不十分だったことなども、考慮されます。

　「転勤をした」という出来事の前や後に、恒常的な長時間労働（月100時間程度となる時間外労働）があった場合には、多くの場合労災と認定されます。また、「顧客や取引先からクレームを受けた」という出来事の前や後に、恒常的な長時間労働（月100時間程度となる時間外労働）があった場合にも、多くの場合労災と認定されます。

　このように、業務上の出来事の実態と、月100時間を超える時間外労働時間の証明ができれば、多くの場合に労災と認められます。

長時間労働は労働者に強い心理的負荷を与える出来事なので、被災者の時間外労働時間数は必ず調査することが必要です。労働時間の証明方法についてはQ15を参照してください。

● 長時間労働だけを評価する場合

新しい認定基準によれば、次の場合は原則として、他の業務上の出来事の存在を証明するまでもなく労働時間だけで労災となります。

①発症前の1か月間におおむね160時間を超える極度の時間外労働に従事した場合

②発症前の3週間におおむね120時間以上の極度の時間外労働に従事した場合

③発病直前の連続した2か月間に1か月当たりおおむね120時間以上の時間外労働を行い、その業務内容が通常その程度の労働時間を要するものであった場合

④発病直前の連続した3か月間に1か月当たりおおむね100時間以上の時間外労働を行い、その業務内容が通常その程度の労働時間を要するものであった場合

⑤1か月以上にわたって連続勤務を行った場合

⑥2週間（12日間）以上にわたって連続勤務を行い、その間、連日、深夜時間帯に及ぶ時間外労働を行った場合

ただし、実際上は、このような長時間労働を証明することは困難なことが多いので、前述のように業務上の出来事と月100時間程度の時間外労働時間を証明することに努めればよいでしょう。

なお、脳・心臓疾患の認定基準では、発症前2か月間ないし6か月間にわたって1か月当たりおおむね80時間を超える時間外労働が認められる場合には、原則として労災と認めているのですから、精神障害・自殺の場合にも、本来は同じ基準によるべきです。この点については問題があり、将来改善させる必要があります。

●業務上の出来事が複数ある場合

　また、「転勤をした」という出来事のほかに、たとえば「ノルマが達成できなかった」「顧客や取引先からクレームを受けた」などの複数の出来事があった場合は、これら複数の出来事による心理的負荷の強度が総合的に評価されます。被災者の業務実態を調査し、長時間労働の事実だけでなく、できるだけ多くの業務上の出来事を主張していくことが大切です。

　もっとも、「業務による心理的負荷評価表」は、心理的負荷の程度を考える際の参考資料にすぎません。業務上の出来事の心理的負荷の程度が、過小評価されているものも多く、「心理的負荷の総合評価の視点」や、心理的負荷を「強」とする具体例も、それにかぎられるものではありません。したがって、「業務による心理的負荷評価表」を参考にしつつも、より総合的な事情を考慮するよう、労働基準監督署に主張していくことが大切です。

24 いじめ・パワーハラスメント

Q 職場でのいじめ、パワハラが原因で自殺した場合、労災と認められますか?

A ひどい嫌がらせやいじめなどを受けた場合は、労災と認められます。

　ひどい嫌がらせやいじめ、または暴行を受けたことによって、精神障害を発症し自殺に至った場合には、強い心理的負荷を受けたとして、労災となります。

　ひどい嫌がらせやいじめとは、部下に対する上司の言動が業務指導の範囲を逸脱しており、人格や人間性を否定するような言動を含む場合や、嫌がらせが執拗に繰り返される場合、同僚等の多人数が結託して人格や人間性を否定するような言動を繰り返した場合などです。嫌がらせやいじめには、上司から部下に対する言動にかぎらず、部下から上司に対する言動も含まれます。嫌がらせやいじめが繰り返されている場合は、その繰り返される出来事が一体のものとして評価され、継続していれば心理的負荷がより強まると判断されます。また、嫌がらせやいじめが始まった時からのすべての行為が評価の対象となります。なお、嫌がらせやいじめとまでは評価できなくとも、業務指導や業務上の方針をめぐって上司や同僚、部下とトラブルになった場合には、業務による心理的負荷があったと評価されます。トラブルの内容、程度、その後の業務への支障等を考慮し、大きな対立が生じてその後の業務に大きな支障をきたしたといえるような場合などは、強い心理的負荷を受けたとして、労災となります。嫌がらせやいじめの事実は、事後的に証明することが難しいため、事情をよく知る関係者の協力を得て、話を聞かせてもらう必要があります。また、本人がパソコンやノート、手帳などにいじめやハラスメントの内容を書き残していることもあります。

25 セクシュアルハラスメント

Q セクシュアルハラスメントを受けたことによってうつ病になった場合、労災と認められますか?

A 継続的なセクシュアルハラスメントを受けた場合や会社による適切な対応がない場合などは、労災と認められます。

　セクシャルハラスメントによる心理的負荷の程度は、行為の態様や継続の状況、会社の対応などを考慮して判断されます。たとえば、強姦や本人の意思を抑圧してわいせつ行為が行われた場合、胸や腰等の身体的接触を含むセクシャルハラスメントであって継続して行われた場合、行為が継続していなくとも、会社に相談した後に適切な対応がなく改善されなかった場合、会社への相談の後に職場の人間関係が悪化した場合、身体接触のない性的な発言のみのセクシャルハラスメントであっても、発言のなかに人格を否定するようなものを含み継続してなされた場合、会社が継続したセクシャルハラスメントがあると把握していても適切な対応をとらず改善がなされなかった場合などは、強い心理的負荷を受けたと評価され、労災と認定されます。セクシャルハラスメントが繰り返されている場合は、その繰り返される出来事が一体のものとして評価され、継続していれば心理的負荷がより強まると判断されます。セクシャルハラスメントが始まった時からのすべての行為が評価の対象となります。また、行為者が上司であり被害者が部下である場合や、行為者が正規労働者であり被害者が非正規労働者である場合など、行為者が雇用関係上被害者に対して優越的な立場にある事実は、心理的負荷を強める要素となります。

　セクシャルハラスメントの被害者は、被害後すぐに相談行動をとれないことが多いため、専門家への相談や労災申請が遅くなったとしても、心理的負荷が弱いということにはなりません。

26 | 精神障害発症の証明

Q 死亡前に精神科を受診していなかった場合、精神障害による自殺であることは、どのように証明すればよいのでしょうか？

A 本人が書いたメモや日記、家族や同僚の証言などから、本人の心身の状態の変化を明らかにすることが必要です。

　自殺が労災と認定されるためには、過重な業務やハラスメントによって、精神障害を発症していたことが必要です。対象となる精神障害は、ICD-10（世界保健機関が定める診断ガイドラインのこと）のＦ０からＦ９に分類される、うつ病等の精神障害とされています。過労自殺で亡くなった方は、亡くなった当時に何らかの精神障害を発症していることがほとんどですが、精神科を受診していない人が多いのが実状です。

　しかし、精神障害の診断がなされていなくとも、精神障害による自殺であることを証明することはできます。労働基準監督署の依頼を受けた精神科の専門医も、労働基準監督署が集めた証拠に基づき、「仮に亡くなった当時に当該労働者が精神科を受診していたとすれば、どのような診断がなされたか」という観点で判断することになります。

　精神障害の代表例であるうつ病は、抑うつ気分、興味と喜びの喪失、易疲労性、活動性の低下、集中力と注意力の減退、自己評価と自信の低下、罪責感と無価値観、将来に対する悲観的な見方、自傷行為や自殺の観念、睡眠障害、食欲低下などの症状を伴います。家族や同僚が本人について、元気がなく暗い表情だったこと、好きだったテレビに興味を示さなくなったこと、帰宅が遅く疲れた様子であったこと、忘れ物が多くなったこと、弱音を吐いて涙をこぼしていたこと、死にたいと言っていたこと、睡眠導入剤を飲んでいたこと、食欲が減退し痩せてきていたこと、などを証言すれば、うつ

病の症状を示す証拠になります。また、本人がメモや日記にこれらのことを書き残している場合でも、証拠になります。

　近年は、メモや日記だけでなく、ツイッターやブログなどを通じて、本人がインターネット上に心身の変化を綴っている例も多く見られます。たとえば、「疲れた」「眠れない」「自分はダメな人間だ」などの心身の変化にかかわる記載があれば、うつ病の症状を示す重要な証拠になります。

　また、不眠や頭痛などを訴え、精神科ではなく内科などを受診していることがあります。そのような場合、主治医の先生が精神障害と診断していなくとも、カルテに心身の不調について記載されていれば、重要な証拠となります。また、家族に内緒で精神科を受診していたということもあります。したがって、受診歴がないと思われるような場合でも、遺品のなかに医療機関のカードや領収書がないかどうか調べてください。健康保険組合に連絡し、過去数年分の被災者の受診歴を取り寄せてみる方法もあります。

● ICD-10「F32うつ病エピソード」の診断ガイドライン（抜粋）

〈基本症状〉最低2つを満たす。
　α．抑うつ気分
　β．興味と喜びの喪失
　γ．易疲労性

〈一般的な症状〉最低2つを満たす。
　a．集中力と注意力の減退
　b．自己評価と自信の低下
　c．罪責感と無価値観
　d．将来に対する希望のない悲観的な見方
　e．自傷あるいは自殺の観念や行為
　f．睡眠障害
　g．食欲不振

〈持続期間〉原則最小2週間
〈ただし書き〉症状の重症度と社会的活動とは必ずしも並行しない。

27 発症後の増悪

Q うつ病になった後に仕事でミスをしてしまい、うつ病が悪化して自殺しました。労災と認められるでしょうか?

A うつ病の発症後であっても、強い心理的負荷で悪化した場合には、労災と認められる可能性があります。

　過労自殺が労災と認められるためには、対象疾病の発症前おおむね6か月の間に業務による強い心理的負荷が認められることが要件の一つとなっています。そのため、一般に発症後の業務上の出来事が、適切に評価されないことがあります。

　しかし、精神障害発症後でも、業務上の強い心理的負荷が原因で精神障害が悪化して自殺に至った場合は、業務上の死亡というべきです。認定基準は、発症後に「特別な出来事」に該当する出来事があり、その後おおむね6か月以内に対象疾病が自然経過を超えていちじるしく悪化したと医学的に認められる場合については、その「特別な出来事」による心理的負荷が悪化の原因であると推認し、悪化した部分について労災と取り扱うとしています。「特別な出来事」とは、たとえば生死にかかわる業務上のケガ、強姦や本人の意思を制圧して行われたセクシャルハラスメント、時間外労働が1か月160時間を超えるような極度の長時間労働などです。

　このような「特別な出来事」がある場合に限定するのは妥当でなく、精神障害の発症後に、業務上の出来事による心理的負荷で当該精神障害が悪化したのであれば、労災と認められるべきです。したがって、発症後の時間外労働時間や業務上の出来事についても詳細に調査し、主張していく必要があります。仮に労働基準監督署ではこの主張が認められなくても、行政訴訟では認められる可能性があります〔➡Q35参照〕。

28 | 遺書

Q 「もう疲れました」「悪いのは自分です」などと書かれた遺書がありましたが、労災と認められるのでしょうか？

A 遺書があっても、労災と認められます。

　かつては、遺書等がある場合は、「故意」による覚悟の自殺であると判断され、業務外とされることも多かったのですが、現在はむしろ、遺書に書かれた心身の状況や業務に関連する記述が、本人の精神障害の症状や業務上の心理的負荷を証明するものとして積極的に評価されることがあるといえます。ご質問のような事例でも、「もう疲れました」「悪いのは自分です」という記述は、うつ病の症状である易疲労性、自己評価と自信の低下、罪責感と無価値観などにあてはまると評価できます。この遺書の存在をもって、覚悟の自殺ということはできず、業務の過重性が認められるのであれば、労災と認定されます。

　従来の「判断指針」では、遺書等の存在について、「それ自体で正常な認識、行為選択能力が著しく阻害されていなかったと判断することは必ずしも妥当ではなく、遺書等の表現、内容、作成時の状況等を把握の上、自殺に至る経緯に係る一資料として評価するものである」とされていました。新しい認定基準のもとでも、この考え方は変更されていません。

　精神障害によらない自殺は、その主な動機が業務に関連するとしても、本人の主体的な選択が決定的であるかぎり、「故意」の死亡として取り扱われ、業務上としない運用がされています。しかし、業務により、対象となる精神障害を発症したと認められる者が自殺を図った場合には、精神障害によって正常の認識、行為選択能力がいちじるしく阻害され、あるいは自殺行為を思いとどまる精神的抑

第Ⅱ章　労災の認定基準

制力がいちじるしく阻害されている状態に陥ったものと推定し、業務起因性を認めることとされています。

　海外の医学的知見によれば、自殺の約90％は、何らかの精神障害に罹患していたと考えられていますので、実際には「故意」の自殺というのは、ごく少数です。

　時々、労働基準監督署が過重な労働は認定したのに精神障害が発症していない自殺（「故意」による覚悟の自殺）だとの理由で、業務外の決定を出すことがあります。遺族としては、労働基準監督署に被災者の心身の異常を詳しく説明することが大切です〔➡Q26参照〕。

29 療養中の解雇

Q 仕事が原因でうつ病になり、休業しているのですが、会社が解雇すると言っています。会社を辞めるしかないのでしょうか？

A 会社は、業務上疾病の療養のために休業している労働者を、原則として解雇することができません。

　使用者は、原則として労働者が業務上負傷し、または疾病にかかり療養のために休業する期間は、労働者を解雇することができません（労働基準法19条）。したがって、ご質問のような事例では、会社は原則として休業中の労働者を解雇することはできません。しかし、実際には労働基準監督署による労災認定がされていない場合には、会社が業務上の疾病ではないと判断して、就業規則などで定める休職期間が満了すると、労働者を解雇する例が増えています。したがって、労働者の地位を守るためにも、早く労災申請を行い、労災認定を獲得しておくことが大切です。

　もし解雇されてしまった場合、労働者は会社に対し、解雇の無効を理由に従業員たる地位の確認を求めることができます。解雇された後に労災と認定された場合には、さかのぼって解雇は無効となります（東芝うつ病解雇事件・東京高裁平成23年2月23日判決・労働判例1022号5頁）。

　うつ病等の発症について、会社に過失責任（安全配慮義務違反）がある場合には、企業責任を追及し損害賠償請求をすることもできます。

　ただし、労災申請や訴訟を行う場合には、その手続に伴う肉体的精神的負担がかかりますので、主治医とよく相談するなど健康に十分注意することが大切です。

30 | 生命保険契約の自殺免責約款

Q 生命保険会社の担当者に、「加入から1年以内の自殺には死亡保険金が支払われません」と言われましたが、本当でしょうか？

A 精神障害等によって自由な意思決定ができない状態で自殺した場合は、1年以内の自殺でも死亡保険金が支払われます。

　生命保険契約の保険約款には、加入から1年以内の自殺には死亡保険金を支払わない旨の、いわゆる自殺免責約款が規定されていることがあります。

　自殺免責約款の「自殺」とは、自由な意思決定に基づき意識的に行われた自殺に限られるので、精神障害等の影響で自由な意思決定をすることができない状態で自殺した場合には、免責約款の「自殺」には該当せず、死亡保険金が支払われます。過労による自殺の場合にも、被災者は何らかの精神障害を発症していることが通常なので、死亡保険金の支払いを受けることができ、このような裁判所の判決も出ています（大分地裁平成17年9月8日判決・判例時報1935号158頁など）。

　しかし、実際には「自殺」であるということだけで、死亡保険金の支払いを拒む保険会社もあり、問題となっています。実務上は、いったん支払いを拒絶されても、労災認定された場合や、労災と認定されなくとも被災者がうつ病等の精神障害を発症していたことが明らかになった場合には、その時点で保険会社が死亡保険金を支払うという取扱いがなされています。

　したがって、保険会社に支払いを拒絶された場合でも、あきらめずに粘り強く交渉してください。労災申請手続を進めているときには、そのことを説明し、労働基準監督署の判断を参考資料とするよう、保険会社に主張してください。

第 III 章
不服申立手続

Q31【不服申立手続の種類】

Q32【給付基礎日額の不服申立】

31 | 不服申立手続の種類

Q 労働基準監督署の業務外決定に納得できない場合、どのような手続をとればよいのでしょうか？

A 労働者災害補償保険審査官に対し、審査請求をすることができ、さらに不服がある場合には、労働保険審査会に対し、再審査請求をすることができます。

● 審査請求手続

　労災と認められなかった場合には、労働者災害補償保険審査官に対し、審査請求をすることができます。審査請求手続は、原則として業務外決定を知った日の翌日から60日以内に行う必要があるため、注意が必要です。

　業務外決定がなされた場合は、調査を行った担当官に会い、業務外と判断した理由の説明を受けてください。また、個人情報開示請求手続を利用し、労働基準監督署が調査した資料を交付するよう、労働局に求めることが大切です。今後、どのような点を補強すればよいのかを考える手がかりになります。個人情報開示請求書の書式や請求方法は、厚生労働省のホームページから見ることができます。個人情報開示請求書は、300円の収入印紙を貼り、各地域の労働局に設置されている総務部企画室宛に、直接または郵送で提出してください。開示された資料のうちの一部は、プライバシー保護等を理由に黒塗りをされていることがあります。

● 再審査請求手続

　審査請求も棄却された場合には、労働保険審査会に対し、再審査請求をすることができます。再審査請求手続は、原則として審査請求を棄却する決定書の謄本が送達された日の翌日から60日以内に行う必要があるため、注意が必要です。

　再審査請求をすると、後日、労働基準監督署等が収集した資料が

白い冊子になって届きます。この冊子は黒塗りがされておらず、ほぼすべてを見ることができます。再審査請求手続は、3人の審査員による合議体で判断され、口頭で意見を述べることができる審理期日が設けられます。

●留意すべき事項

　審査請求および再審査請求の手続は、請求から結論まで、それぞれ半年から1年かかるのが通常です。また、審査請求や再審査請求で結論がくつがえる可能性は、5％にも満たないのが実状であるため、一番はじめの労働基準監督署の段階で労災と認めさせることが重要だといえます。

　もっとも、新しい証拠が出てきた場合や、通達が大きく改正された場合は、原処分が見直される可能性も高まるので、あきらめる必要はありません。

　行政段階で労災と認められた場合には、企業が労災認定に対して不服申立をすることはできません（一方で、労働者側が業務外決定の取消を求める訴訟を提起した場合は、国側〈労働基準監督署〉が敗訴した場合に、国側から控訴されて争いが長期化する可能性もあります）。

　審査請求をした日から3か月を経過しても決定がされないときは、決定を待たずに再審査請求をすることができます（労災保険法38条2項）。さらに、再審査請求をした日から3か月を経過しても裁決がされないときは、裁決を待たずに行政訴訟を提起できます（労災保険法40条）。このような場合には、審査会の手続と並行して、行政訴訟が進行することになります。これらの手段は、早く再審査請求や行政訴訟を進めたい場合に、活用できます。

32 給付基礎日額の不服申立

Q 給付額計算の基礎となる給付基礎日額に残業時間が反映されておらず、補償額が少ない場合、不服申立てはできますか?

A 給付基礎日額だけを争う審査請求ができます。

　労災保険給付に関する決定に不服のある場合は、労働者災害補償保険審査官に対し、審査請求をすることができます〔➡Q31参照〕。業務外決定の場合にかぎらず、業務上決定の場合であっても、給付金の額に不服があれば、審査請求は可能です。

　労災保険の受給金額は、給付基礎日額によって決まります。給付基礎日額とは、原則として労働基準法12条の平均賃金に相当する額をいいます。平均賃金とは、原則として業務上の負傷や死亡の原因となった事故が発生した日または医師の診断によって疾病の発生が確定した日(賃金締切日が定められているときは、その日の直前の賃金締切日)の直前3か月間にその労働者に対して支払われた賃金の総額を、その期間の総日数で割った1暦日当たりの賃金額です。

　この「支払われた賃金」とは、現実にすでに支払われている賃金だけではなく、すでに債権として確定している賃金も含むと解すべきです。したがって、給付基礎日額の決定にあたっては、支払われていなかった時間外・休日労働についての賃金および割増賃金も含めて、賃金の総額を計算するべきだといえます。

　実際に、審査官が、未支給の賃金とそれについての割増賃金も含めて、給付基礎日額を計算すべきだと判断し、原処分を取り消した事例が複数あります(大阪労働者災害補償保険審査官平成17年5月2日付決定ほか)。

第Ⅳ章
行政訴訟

Q33【行政訴訟手続】
Q34【行政訴訟の進め方】
Q35【行政訴訟の判断基準】

33 | 行政訴訟手続

Q 再審査請求手続でも労災と認定されなかった場合、どのような不服申立手続がとれますか？

A 被告を国とし、不当な業務外決定処分の取消しを求める行政訴訟を裁判所に提起することができます。

　再審査請求が棄却された場合は、被告を国とし、遺族補償給付等の不支給決定処分の取消しを求める行政訴訟を提起することができます。この行政訴訟は、原則として請求棄却の裁決があったことを知った日の翌日から6か月以内に行う必要があるため、注意が必要です。

　また、再審査請求をした日から3か月を経過しても裁決がされないときは、裁決を待たずに行政訴訟を提起することもできます（労災保険法40条）〔➡Q31参照〕。

　行政訴訟を提起してから第一審判決までは、約2年程度かかるのが現状です。控訴審まで続く場合はさらに約1年程度、上告審まで続く場合にはさらに約半年から2年程度かかります。行政訴訟では通常和解がありません。

　行政訴訟の判決では、審査請求や再審査請求の手続よりも、結論がくつがえる可能性が高くなります。最近10年間でみた場合、脳・心臓疾患および精神障害・自殺の事案で、原告側が勝訴したのは平均しておよそ30％程度と推定されます。

　遺族だけで行政訴訟を進めることは困難です。できるだけ早い時期に、専門家である弁護士に相談してください。

●被災者が民間労働者の場合の手続の流れ

```
┌──────────────┐
│ 被災者（遺族） │
└──────┬───────┘
       │  労災申請
       │  （期間）療養・休業・介護・葬祭料は2年
       │        障害・遺族補償給付は5年
       ▼
┌──────────────┐
│ 労働基準監督署 │
└──────┬───────┘
       │  審査請求
       │  （期間）業務外決定を知った日の翌日から60日以内
       ▼
┌────────────────────┐
│ 労働者災害補償保険審査官 │
└──────┬─────────────┘
       │  再審査請求
       │  （期間）決定書の謄本が送達された日の翌日から60日以
       │        内（または審査請求をした日から3か月経過し
       │        ても決定がないとき）
       ▼
┌──────────────┐
│ 労働保険審査会 │
└──────┬───────┘
       │  行政訴訟の提起
       │  （期間）裁決を知った日の翌日から6か月以内（または
       │        再審査請求をした日から3か月経過しても裁決
       │        がないとき）
       ▼
┌──────────┐
│ 地方裁判所 │
└────┬─────┘
     │  控訴
     │  （期間）判決送達の日の翌日から14日以内
     ▼
┌──────────┐
│ 高等裁判所 │
└────┬─────┘
     │  上告（上告受理申立）
     │  （期間）判決送達の日の翌日から14日以内
     ▼
┌──────────┐
│ 最高裁判所 │
└──────────┘
```

34 | 行政訴訟の進め方

Q 行政訴訟は、どのように進めればよいのでしょうか？

A 協力者や証拠を集めてください。労働基準監督署が収集した資料のなかに、こちらに有利な事実が含まれていることもあります。

　行政訴訟では、まず被告（国）に対し、労働基準監督署等が収集した資料一式を、黒塗りをせずにすべて証拠として提出するよう、求めてください。労働基準監督署が収集した資料や、聴取した関係者の証言のなかには、業務の過重性を示す多くの事実が隠れていることがあります。これらの事実を労働基準監督署が正当に評価しなかったことを批判し、裁判官に対して業務の過重性を認めるよう、強く主張していく必要があります。裁判所の判断基準と、労災認定の判断基準は異なっており、裁判所は国が策定した認定基準に必ずしも拘束されません。行政訴訟では認定基準にとらわれることなく、労働者が置かれた個別・具体的な状況を一つひとつ積み上げて、総合的に評価していく作業が重要です。業務の過重性を証明する証拠が不十分であれば、あらたに収集する必要があります。証拠の多くを会社が保管しており会社が提出しそうにない場合は、弁護士に相談し、証拠保全手続〔➡Q15参照〕を利用することや、裁判で文書送付嘱託を申し立てることも検討してみてください。時間の経過とともに、状況は変化していますので、過去に協力を断られた現職の同僚がすでに退職しており、裁判では証人として証言してくれることもあります。あきらめずに、あらたな証拠の収集と、すでに収集した証拠の分析をし直すことが重要です。裁判では、業務と死亡との因果関係を判断するために、医学的な知見が必要となることもあります。専門の医師に相談し、意見書の作成や裁判での証言をお願いすることが必要な場合もあります。

35 行政訴訟の判断基準

Q 裁判の判断基準と、労災行政の認定基準は、具体的にどのように違うのでしょうか？

A 裁判所は必ずしも認定基準に拘束されず、個別具体的な事情を総合的に評価します。

　裁判所の判断基準と、労災行政の認定基準は異なっており、裁判所は国が策定した認定基準に必ずしも拘束されません。裁判所は、独自の立場から証拠を評価し、社会通念に基づいた判断をします。

　認定基準は、原則として発症前おおむね6か月間の業務上の出来事を評価の対象としていますが、裁判所は発症前おおむね6か月から1年半程度の業務上の出来事も評価しています（東京海上横浜支店事件・最高裁平成12年7月17日判決・労働判例785号6頁）。

　また、認定基準は「同僚労働者」や「同種の労働者」を基準としていますが、裁判所は必ずしもそのような労働者を基準にはしていません。障害者等級3級の男性が致死性不整脈で死亡した事案について、当該労働者を基準にし、労災と認めた裁判例もあります（マツヤデンキ事件・名古屋高裁平成22年4月16日判決・労働判例1006号5頁）。

　さらに、認定基準が定める時間外労働時間数等の基準は、絶対的なものではありません。脳・心臓疾患について、時間外労働時間数が認定基準を満たしていなくとも、業務の質的な過重性を総合評価して労災と認めた裁判例があります〔➡Q17参照〕。システムエンジニアが心室細動で死亡した事案で、トラブルへの対応のために、深夜・休日まで自宅に電話がかかってきたこと等による精神的負担なども評価し、労災と認めた裁判例があります（東京海上事件・東京地裁平成15年10月22日判決・労働判例866号71頁）。

　また、小児科医師が自殺した事案で、月8回を超える宿直勤務の

過重性を評価し、労災と認めた裁判例もあります（佼成病院小児科医事件・東京地裁平成19年3月14日判決・労働判例941号57頁）。

業務に伴う懇親会や食事会等の接待について、あらかじめ業務の遂行上必要不可欠であり、かつ出席・参加が事実上強制されているような場合には、懇親会等に要した時間も労働時間として認めた裁判例もあります（製薬会社アベンティスファーマ事件・東京地裁平成23年11月10日判決・判例集未掲載）。

精神障害・自殺については、業務上の出来事が複数重なっていることを積極的に評価して、労災と認めた裁判例もあります（いなげや事件・東京地裁平成23年3月2日判決・労働判例1027号58頁）。また、うつ病発症後の業務によって、すでに発症していたうつ病が増悪することもありうるとし、継続的なノルマの不達成や上司の厳しい叱責、異動に伴う勤務状況の変化等の出来事がうつ病を増悪させた可能性が高く、業務とうつ病悪化との相当因果関係も認められるとして、労災と認めた裁判例もあります（ダイハツ長崎販売事件・長崎地裁平成22年10月26日判決・労働判例1022号46頁）。

このように、裁判所は労働者の勤務実態を個別具体的に総合評価する立場をとっているので、労働基準監督署で業務外となった場合でも、裁判所が結論をくつがえすことは十分可能です。

この20年間、被災者や遺族が行政訴訟で勝訴することによって、認定基準を変えてきたという歴史があります。おかしな内容の認定基準は変えていくという気概が大切です。

第Ⅴ章
公務災害申請

Q36【公務災害の認定状況】

Q37【公務災害申請手続】

Q38【公務災害の認定基準】

Q39【裁判における公務災害の認定基準】

Q40【手続の遅延に対する対策】

36 公務災害の認定状況

Q 公務災害の認定状況について教えてください。

A 民間労働者の業務上認定件数と比較して、公務災害の公務上認定件数は少なく、認定率も低いのが現状です。

　公務員については、労災保険制度は適用されませんが、かわりに公務員災害補償制度があります。民間労働者の場合と同様に、過労死や過労自殺も補償の対象になります。

　地方公務員や国家公務員の公務上災害認定件数は、民間労働者の業務上認定件数と比較して、大幅に少ないといえます。地方公務員災害補償基金や人事院の発表によれば、過労死・過労自殺の公務上認定件数は、毎年度数十件程度で推移しています。

　近年は、教員の精神障害や自殺が急増しており、とくに新人教員の病休や病気退職の増加が問題となっています。文部科学省の発表によれば、全国の公立学校に勤務する1年目の新人教員のうち、病気を理由に依願退職した人数が2010年（平成22年）度は101人にのぼり、10年前の20倍に増加しています。この依願退職者のうち、9割は精神障害を理由としていました。

　2011年3月11日に発生した東日本大震災以降は、被災地の復興作業に尽力した地方公務員や自衛隊員が、過重な労働により心身の健康を損なっているケースも目立っています。

　公務災害の申請手続は、民間労働者の労災申請手続と比べて複雑です〔➡Q37参照〕。そのため、公務災害申請をあきらめてしまう人が多いのが実状ですが、補償を受ける権利を行使することが大切だと思います。この権利を行使することは、職場の改善にもつながります。

37 公務災害申請手続

Q 公務災害申請手続は、どのように行えばよいのでしょうか?

A 地方公務員であれば、各都道府県に置かれている地方公務員災害補償基金支部長に対し、公務災害認定請求書を提出して行います。国家公務員であれば、各府省の補償実施機関に対し、公務上の認定を求めることになります。

　地方公務員の場合は、各都道府県に置かれている地方公務員災害補償(地公災)基金支部長に対し、公務災害認定請求書を提出して行います。公務外の認定に不服がある場合は、公務外決定を知った日の翌日から60日以内に各都道府県に置かれている地公災支部審査会に審査請求ができます(行政不服審査法14条)。ここでも公務外とされた場合は、支部審査会の裁決書が届いた日の翌日から30日以内に東京にある地公災審査会に再審査請求ができます(同法53条)。労災と異なり、再審査請求の期間が30日と短いので注意してください。再審査請求が棄却された場合は、6か月以内に行政訴訟を提起できること等は、労災の場合と同じです。時効が次頁の図のように定められているので注意してください。

　国家公務員の場合は、各府省の補償実施機関(府省および外局)に対し、公務上の認定を求めることになります。公務外の認定に不服がある場合は、人事院に対し審査の申立てができます。国家公務員については、実施機関が補償を受けるべき者に対して補償を請求する権利を有する旨の通知をしたときから、時効が進行するので、この通知を受け取っていなければ、いつでも請求できる仕組みになっています(国家公務員災害補償法28条)。また、国家公務員の場合は、はじめから裁判所に対して認定を求める訴訟を提起することもできます。

実状として、とくに地方公務員の場合は、結論が出るまで時間がかかることが多く、問題です。今後、改善させることが必要であり、早期の認定を促すために、不作為の違法確認請求という行政訴訟を提起する方法も考えられます〔➡Q40参照〕。

●被災者が地方公務員の場合の手続の流れ

```
被災者（遺族）
　│
　│　「公務上」認定請求
　│　（期間）療養・休業・介護・葬祭料は2年
　│　　　　　障害・遺族補償給付は5年
　▼
地公災基金支部長
　│
　│　審査請求
　│　（期間）公務外決定を知った日の翌日から60日以内
　▼
地公災基金支部審査会
　│
　│　再審査請求
　│　（期間）裁決書の謄本が送達された日の翌日から30日以内
　│　　　　　（または審査請求から3か月経過しても決定がないとき）
　▼
地公災基金審査会
　│
　│　行政訴訟の提起
　│　（期間）裁決を知った日の翌日から6か月以内（または再
　│　　　　　審査請求から3か月経過しても裁決がないとき）
　▼
地方裁判所
　│
　│　控訴
　│　（期間）判決送達の日の翌日から14日以内
　▼
高等裁判所
　│
　│　上告（上告受理申立）
　│　（期間）判決送達の日の翌日から14日以内
　▼
最高裁判所
```

●被災者が国家公務員の場合の手続の流れ

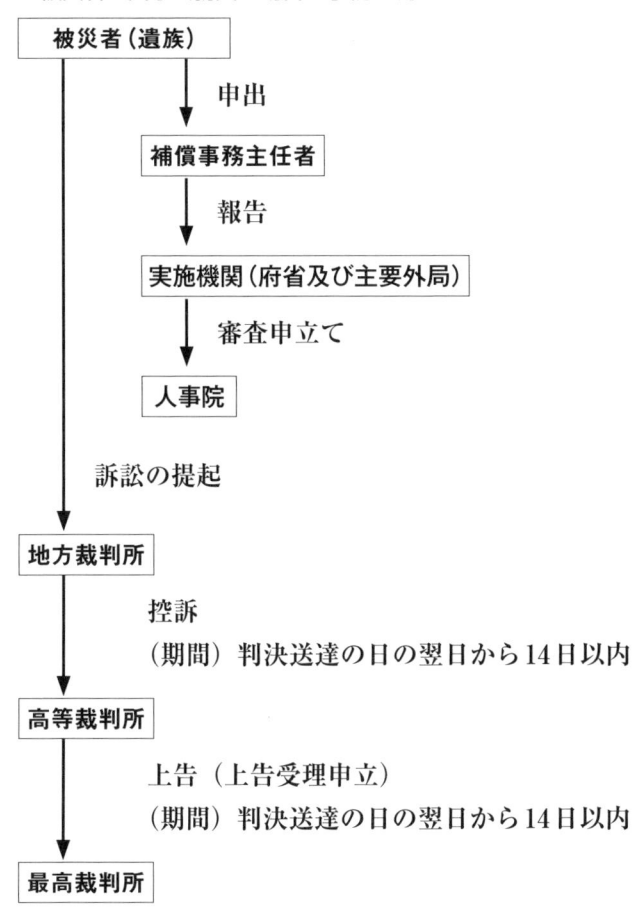

```
被災者(遺族)
    │ 申出
    ▼
補償事務主任者
    │ 報告
    ▼
実施機関(府省及び主要外局)
    │ 審査申立て
    ▼
人事院
```

訴訟の提起

地方裁判所

控訴
(期間) 判決送達の日の翌日から14日以内

高等裁判所

上告(上告受理申立)
(期間) 判決送達の日の翌日から14日以内

最高裁判所

38 公務災害の認定基準

Q 公務上災害と認められるための要件を教えてください。

A 民間の労災認定の基準とほぼ同じ考え方によりますが、一部異なる点があるので、注意が必要です。

　公務員についても、民間労働者と同様に、公務災害の認定基準が策定されています。国家公務員については人事院が、地方公務員については地方公務員災害補償基金がそれぞれ基準を作っています。業務の過重性の考え方については、おおむね共通していますが、一部異なる点があるので注意が必要です。

　たとえば、民間労働者の場合、時間外労働時間は月ごとの時間数を問題にしますが、地方公務員の場合は、週ごとの時間数を問題にしています。

　また、精神障害や自殺に関する業務上の出来事の心理的負荷の程度について、民間労働者の場合の「業務による心理的負荷評価表」と、地方公務員の場合の「業務負荷の分析表」とは、業務上の出来事の分類の仕方やその評価が異なっている部分もあります。精神障害や自殺に関しては、民間労働者について平成23年12月26日に新しい認定基準〔巻末資料２〕が策定されたことを受け、現在国家公務員についても人事院が精神障害等の公務上災害の認定指針の見直しを検討しているところです。

　民間労働者であっても、公務員であっても、業務（公務）の過重性の考え方や評価方法は、本来同じであるべきです。公務災害の認定基準についても、速やかな見直しが求められます。

39 | 裁判における公務災害の認定基準

Q 裁判でも、公務災害認定の判断基準は同じなのでしょうか？

A 公務災害の認定基準と、裁判所の判断基準は違います。

　裁判所の判断基準と、公務災害の認定基準は異なっており、裁判所は地方公務員災害補償（地公災）基金や人事院の認定基準に必ずしも拘束されません。民間労働者の労災認定の場合と同様に、裁判所は独自の立場から証拠を評価し、社会通念に基づいた判断をします。

　たとえば、裁判所は民間労災と公務災害とで、業務（公務）の過重性の考え方を区別する立場はとっていません。地方公務員の場合の時間外労働時間についても、地公災基金は週ごとの時間数を問題にしていますが〔➡Q38参照〕、裁判所は原則として1か月当たりの時間外労働時間による負荷を総合的に評価しています。

　また、地公災基金や人事院は、「同種職員」等を基準としていますが、裁判所は必ずしもそのような職員を基準にはしていません。実際に、静岡県の公立小学校の新任女性教諭が過労によるうつ病が原因で自殺した事案について、同種労働者のなかでその性格傾向が最も脆弱である者を基準にし、公務災害と認めた裁判例があります（静岡地裁平成23年12月15日判決・判例集未掲載）。

　このように、一度公務外となった場合でも、裁判所では結論がくつがえることがあるので、あきらめないでください。公務災害の行政訴訟も、民間労働者の行政訴訟と同様の方法で進めていくことになります〔➡Q34参照〕。

40 ｜手続の遅延に対する対策

Q 公務外認定処分に不服があり、審査請求を行ったのですが、もう1年近くが経過しています。手続を早く進めてほしいのですが、どうすればよいのでしょうか？

A 手続を不当に遅延させ、裁決を出さない不作為状態が違法であるとして、裁判所に対し、不作為の違法確認請求訴訟を提起することが考えられます。

　実状として、特に地方公務員の場合には、結論が出るまで時間がかかることが多く、問題となっています。公務上の認定請求をしてから、公務外決定までに2年から3年が経過した後、審査請求を行ってから裁決が出るまで、さらに数年かかるということも、珍しくありません。

　このような事態を改善するため、地方公務員災害補償基金を被告とし、地公災基金支部長や審査会が不当に手続を遅延させ、結論を出さない不作為状態が違法であるとして、不作為の違法確認請求訴訟を提訴することも考えられます。

　裁判において、地公災基金支部長や審査会が不当に手続を遅延させている不作為状態の違法が確認されれば、地公災基金支部長や審査会に対する強いプレッシャーとなり、違法状態の是正のための速やかな対応を促すことにもなります。制度全体の改善のためには、裁判所を活用して、迅速な審理を実現していくことも大切です。

　また、日常的には定期的に担当者と連絡をとり、進捗状況を確認するとともに、迅速な審理を要請することが大切です。なお、公務災害手続の場合にも、審査請求や再審査請求から一定期間が経過すれば、次の手続を進めることができます〔➡Q37参照〕。

第Ⅵ章
企業責任の追及

Q41【企業による補償の種類】
Q42【企業責任の追及と損害賠償請求】
Q43【安全配慮義務違反】
Q44【個人に対する損害賠償請求】
Q45【代表取締役に対する損害賠償請求】
Q46【損害の内容】
Q47【損害賠償請求の時効】
Q48【労災申請と損害賠償請求の順序】
Q49【既往症などのリスクファクター】
Q50【被災者の性格】
Q51【損益相殺】
Q52【企業との文書作成の留意点】
Q53【専門家への相談】

41 企業による補償の種類

Q 夫が過労で亡くなった場合、企業からどのような補償を受け取ることができるのでしょうか？

A 企業による補償には、①業務上の死亡か否かを問わずに支払われる金員、②業務上の死亡の場合に支払われる会社規程補償金、③企業責任に基づく損害賠償金、の大きく３種類があります。

　従業員が亡くなった場合、業務上の死亡か否かを問わずに、企業から弔慰金、見舞金、死亡退職金等が支払われることがあります。
　また、労災によって従業員が死亡または負傷した場合に、退職金を増額したり、また企業がいわゆる上積み補償として、一定の補償金を支払うことを定めていることがあります。この規程があれば、会社から規程に基づく補償金が支払われます。
　民間の統計によると、亡くなった従業員に扶養者がいる場合は、約3200万円程度の遺族補償金が支払われることが通例です（2008年版「福利厚生事情」）。企業はこのような場合に備えて、民間の労災総合保険に加入していることもあります。企業が上積み補償規程の存在を隠していることもあるので、労災補償にかかわる規程は必ずすべて見せてもらうようにしてください。
　さらに、従業員の死亡または負傷について民法上の企業責任が認められる場合には、企業責任を追及し、損害賠償の支払いを受けることができます。労災であることと、企業の責任が認められることは、法律上別個の問題ではありますが、労災であれば企業の責任も認められる可能性が高いといえます。なお、遺族のなかには企業の経営状態が苦しいようなので損害賠償請求をしないという考えの方もいます。もとより、企業への請求を行うかどうかは遺族の意思によって決まりますが、本来、企業としては、万一の場合に備えて民間の労災総合保険にも加入するなどの対策をとるべきです。

42 企業責任の追及と損害賠償請求

Q 過労死や過労自殺が起きた場合に、企業責任を追及するための手段と、損害賠償請求の法律上の根拠を教えてください。

A 企業責任を追及する手段には、①任意の交渉と②裁判手続があります。企業が労働者に対して負う安全配慮義務（注意義務）に違反したことが、企業の損害賠償責任の法律上の根拠となります。

● 企業責任追及の方法

　企業責任を追及するためには、まず裁判外で企業と任意の交渉を行うことが通常です。企業に対して、謝罪や再発防止策の整備を要求していくほかに、損害賠償請求をすることもあります。

　しかし、企業が任意の交渉に応じない場合や、企業が任意の交渉に応じないことがあらかじめ予想できる場合、企業との任意の交渉が決裂した場合は、企業に対する損害賠償請求訴訟を裁判所に提起することになります。調停手続や労働審判手続を利用することも考えられますが、いずれにも強い強制力がないため、合意に至らないことがあります。

● 企業の損害賠償責任の法律上の根拠

　使用者は、労働者の業務の遂行に伴う疲労や心理的負荷等が過度に蓄積して労働者の心身の健康を損なうことがないよう注意する義務を負っています（電通事件・最高裁平成12年3月24日判決・労働判例779号13頁）。また、労働契約法5条は、「使用者は、労働契約に伴い、労働者がその生命、身体等の安全を確保しつつ労働することができるよう、必要な配慮をするものとする」と規定しています。したがって、使用者が労働者に対して負っている安全配慮義務（注意義務）に違反したことが、企業の損害賠償責任を追及する法律上の根拠になります。安全配慮義務違反（注意義務違反）について、

法律上の整理をすると、債務不履行責任（民法415条、労働契約法5条）であると考えることができるほか、不法行為責任（民法709条、715条）にもあたると考えることができます。それぞれの成立要件は、少し異なっています。
　債務不履行責任と不法行為責任の大きな違いは、時効です〔➡Q47参照〕。債務不履行責任を理由にする損害賠償請求の時効は、損害が発生した時点から10年間です（民法167条１項）。
　これに対して、不法行為責任を理由にする損害賠償請求の時効は、損害及び加害者を知ったときから３年間です（民法724条）。
　また、遅延損害金の起算点も異なります。債務不履行責任の場合、遅延損害金は請求をした日の翌日から発生します。不法行為責任の場合、遅延損害金は死亡（または被災）した時点から発生します。

43 | 安全配慮義務違反

Q 企業の損害賠償責任（安全配慮義務違反・注意義務違反）が認められるのは、どのような場合なのでしょうか？

A 長時間労働に従事させ業務軽減措置を怠るなど、労働条件について十分に配慮していない場合や、健康診断を実施していないなど、十分な健康管理体制をとっていない場合などです。

　過労死や過労自殺を発生させた企業が、労働者に対する安全配慮義務(注意義務)に違反していた場合には、損害賠償責任を負います。使用者は、労働者の業務の遂行に伴う疲労や心理的負荷等が過度に蓄積して労働者の心身の健康を損なうことがないよう注意する義務を負っています（電通事件・最高裁平成12年3月24日判決・労働判例779号13頁）。

　そもそも使用者は、労働者の労働時間をタイムカード等によって客観的に管理する義務を負っています。また、使用者が労働者の過重な労働の実態を認識しえたのであれば、使用者は労働者の業務を軽減させる措置をとるなどし、労働者の疲労が蓄積することがないよう配慮しなければいけません。

　厚生労働省は「過重労働による健康障害を防止するため事業者が講ずべき措置等」という通達を出し、1か月当たり45時間を超える時間外労働は労働者の疲労を蓄積させ、健康に悪いという医学的知見を踏まえて、労働者の時間外労働を1か月当たり45時間以下とするよう使用者に要請しています。したがって、使用者は労働者の時間外労働時間が月45時間を超えるような長時間労働にならないよう、適切に管理する義務を負っているといえます。

　さらに、使用者は労働者に少なくとも年1回の定期健康診断を受診させなければいけません。そして、異常所見があった者については、医師の意見を聴取したうえで、就業場所を変更したり、労働時

間を短縮させるなどの措置をとる義務があります。

　加えて、使用者は労働者の健康を守るために、安全衛生管理体制を作る義務を負っており、常時使用する労働者の人数に応じて、産業医等で構成される安全衛生委員会を設置しなければいけません。

　その他、職種に応じた規制もあり、たとえば医療従事者については当直に関する通達や、トラック運転手については拘束時間を制限する基準などがあります。使用者は、少なくともこれら職種に応じた規制基準にも違反することがないよう、注意する義務を負っているといえます。

　過労によって疾患を発症したり、発症する可能性がある労働者に対しては、適切な治療を受けさせる義務もあります。また、過労による精神障害等により休職した労働者が、復職した場合は、労働者の健康状態に応じた適切な配慮をする義務もあるといえます。

　したがって、企業がこれらの責任をきちっと果たしていないのであれば、安全配慮義務（注意義務）違反があったといえます。

　なお、公務員の場合も、地方公共団体や国は安全配慮義務（注意義務）を負っています。地方公共団体や国がこの義務に違反している場合には、公務災害による補償とは別に、損害賠償請求をすることができます。

44 │ 個人に対する損害賠償請求

Q 夫が上司のパワハラによって自殺した場合、上司や会社に対して損害賠償請求をすることができますか？

A パワハラをした上司個人と会社に対し、損害賠償請求ができます。

　上司や同僚、部下などの個人が、労働者に対してパワーハラスメントやセクシャルハラスメントを行ったような場合には、労働者に対する不法行為といえるので、その個人は民法上の損害賠償責任を負います（民法709条）。また、その個人を使用していた会社も、使用者責任としての民法上の損害賠償責任を負い（民法715条）、いじめを防止する措置を怠ったのであれば、安全配慮義務違反としての損害賠償責任も負います（民法415条）。

　実際に、男性看護師が先輩のいじめが原因で自殺した事案について、先輩個人の損害賠償責任を認めるとともに、病院が職場の上司および同僚からのいじめ行為を防止し、被災者の生命および身体を危険から保護する安全配慮義務を怠ったとして、病院の損害賠償責任を認めた裁判例があります（誠昇会北本共済病院事件・さいたま地裁平成16年9月24日判決・労働判例883号38頁）。

　他方、公務員については、公務員個人がパワハラなどの不法行為を行った場合でも、通常法律上は公務員個人ではなく、国または公共団体が損害賠償責任を負うことになっています（国家賠償法1条）。個人も不法行為責任を負うべきとの意見もあり、法的論争のテーマとなっています。

　実際に、航空自衛隊の自衛官が先輩の暴力、暴言を理由に自殺した事案について、先輩自衛官のいじめを理由に国の損害賠償責任を認めた裁判例があります（航空自衛隊浜松基地自衛官自殺事件・静岡地裁浜松支部平成23年7月11日判決・判例時報2123号70頁）。

45 | 代表取締役に対する損害賠償請求

Q 企業だけでなく、代表取締役個人に対して損害賠償請求をすることもできるのでしょうか？

A 過労死を発生させた企業だけでなく、その代表取締役個人の損害賠償責任が認められることもあります。

　会社の取締役は、悪意や重過失で取締役としての任務を怠っていた場合には、第三者に対して会社と連帯して損害賠償義務を負います（会社法429条、旧商法266条の3）。すなわち、労働者の勤務実態を認識しうる立場にある取締役などは、労働者の極めて重大な法益である生命・健康を損なうことがないような体制を構築し、長時間勤務による過重労働を抑制する措置をとる義務を負っているといえます。

　実際に、一部上場会社の社長を含む複数の取締役について、会社法429条の任務懈怠に基づく損害賠償責任を認めた裁判例があります（日本海庄や事件・大阪高裁平成23年5月25日判決・労働判例1033号24頁）。

　このような取締役の個人責任の考え方は、社団法人の理事長などについても当てはまるといえます。取締役がきちっと責任を果たしておらず、取締役が機能していないような事案では、取締役個人に対する損害賠償請求も考慮すべきです。

　会社が経営不振であり、倒産の危険があるような場合には、賠償金の支払いがきちっとなされないおそれもありますので、代表取締役や関係者個人も被告とすることで、実質的に賠償金の支払いが担保されるという効果もあります。

46 損害の内容

Q 過労死や過労自殺による「損害」として、どのような項目を企業に請求すればよいのでしょうか?

A 損害の具体的内容としては、逸失利益、慰謝料、葬祭料、弁護士費用、遅延損害金などが挙げられます。

　過労によって亡くなった方の損害を金銭に換算することは、本来とても難しいことです。しかし、企業の責任を追及する場合、一般には次のような項目について交通事故とほぼ同様の計算を行い、損害賠償を請求することができます。

● 逸失利益

　逸失利益とは、過労死や過労自殺がなければ得られたであろう将来の収入等の利益をさします。原則として、労働能力喪失期間に相当する基礎収入から中間利息と生活費を控除して算定します。

　基礎収入は、原則として現実収入額が基準となりますが、30歳未満の若年者については、現実収入額よりも賃金センサスに基づく平均年収額のほうが上回る場合には、後者が採用されています。

　中間利息を控除するのは、将来受け取るはずだった逸失利益をあらかじめ受領することになるためです。その計算は一般にライプニッツ方式（複利）でなされることが多いですが、現在の低金利の時代に年5％で減価することは、現在価値の計算としては正確ではなく、請求する側にとっても不利になるため、本来は、5％未満で減価したり、新ホフマン方式（単利）で請求すべきです。

　ただし、裁判では年5％のライプニッツ方式（複利）で計算されることが多いのが実状です。

【具体例】
　死亡当時40歳、年収600万円、妻と子1人のケース。
　生活費控除率は被扶養者が2人なので30％と想定する。

67歳まで勤務可能だったと仮定すると、27年間の新ホフマン係数は16.8045であり、ライプニッツ係数は14.6430。

計算式は、新ホフマン方式の場合には、

600万円×（1 − 0.3）× 16.8045 = 7057万8900円となる。

ライプニッツ方式の場合には、

600万円×（1 − 0.3）× 14.6430 = 6150万0600円となる。

● 慰謝料

慰謝料は、死亡に対する労働者自身の精神的損害と、遺族固有の精神的損害の両者を請求することができます。死亡した労働者が一家の支柱の場合は、労働者および遺族の慰謝料の合計は、一般に2800万円程度になります。息子や娘が死亡した場合は、一般に2000万円〜2200万円程度になります。

● その他の損害

葬祭料、過労による疾病で休業した場合の損害、治療費、付添看護費、後遺症が残った場合の将来の介護費用、家屋改装費等も、損害として請求することができます。

● 弁護士費用

訴訟等で弁護士に依頼した場合は、企業に弁護士費用の一部を負担させることができます。一般に判決では、企業に負担させる弁護士費用としては、損害の5％程度が認められることが多いです。

● 遅延損害金

不法行為責任を理由に損害賠償請求をする場合は死亡（または被災）の日から、債務不履行責任を理由に損害賠償請求をする場合は請求の日の翌日から、民法所定の年5％の遅延損害金が発生します。

47 損害賠償請求の時効

Q 夫が亡くなってから5年が経過してしまいましたが、企業への損害賠償請求は今からでもできるのでしょうか？

A 債務不履行を理由にする損害賠償請求は、損害が発生した時点から10年以内にすることができるので、今からでも可能です。

　企業に対する損害賠償請求の法的根拠は、債務不履行責任を理由にする考え方と、不法行為責任を理由にする考え方があります〔➡Q42参照〕。

　債務不履行責任を理由にする損害賠償請求の時効は、損害が発生した時点から10年間です（民法167条1項）。会社法429条に基づき、取締役個人に対して損害賠償請求をする場合の時効も、損害が発生した時点から10年間です（民法167条1項）。遅延損害金は、請求をした日の翌日から発生します。

　これに対して、不法行為責任を理由にする損害賠償請求の時効は、損害および加害者を知ったときから3年間です（民法724条）。遅延損害金は、死亡（または被災）した時点から発生します。なお、労災認定がなされた時点から時効が進行するという考え方もあります。

　したがって、死亡してから3年以上が経過していても、債務不履行を理由にする損害賠償責任の追及は可能です。死亡から3年以内の場合は、債務不履行責任と不法行為責任の両方の理由で請求することが可能です。不法行為責任を理由とした場合は、遅延損害金の起算点は早まるという利点があります。

　時効を中断させる方法もありますが、訴訟を提起するなど、一般に裁判所を通じた請求手続が必要となりますので、時効が迫っている場合には、弁護士等の専門家に速やかに相談してください。

48 労災申請と損害賠償請求の順序

Q 企業に対する損害賠償請求と労災申請は、どのような順番で行うのがよいのでしょうか？

A 一般には、労災認定を受けてから、企業に対する損害賠償請求を行うことが多いですが、並行して行うことも可能です。

　企業による補償には、業務上の死亡か否かを問わずに支払われる金員と、業務上の死亡の場合に支払われる会社規程補償金だけでなく、企業責任に基づく損害賠償金があります〔➡Q41参照〕。

　労災申請と企業に対する損害賠償請求は別個の手続であるため、これらの手続を並行して行うことも、いずれかの手続だけを行うことも可能です。一般に、労災認定がなされると企業に対する損害賠償請求がしやすくなることから、労災申請を先行させることが多いのが実状です。

　任意の交渉によって企業に損害賠償請求をする場合、企業によっては、労災認定がなされるまで、交渉に応じないこともあります。この場合、まずは労災申請手続に全力を尽くし、労災認定がなされた後で、再び企業に対して交渉の申入れを行うことがあります。

　もっとも近年は、労災認定がなされても、「労働基準監督署による判断は間違っている」と主張して、業務と死亡との因果関係を争う企業もあります。この場合は、企業責任を追及する損害賠償請求訴訟を裁判所に提起することになります。

　労災認定がなされた後に、企業に対して損害賠償請求をする場合にも、個人情報開示請求手続を利用し、労働基準監督署が調査した資料などを収集することが大切です〔➡Q31参照〕。企業責任を追及する際に、これらの資料を活用することができます。

49 既往症などのリスクファクター

Q 重い心臓病を患っていた場合や、喫煙していた場合などは、企業の損害賠償責任が認められないのでしょうか？

A 既往症や喫煙歴があっても、企業の損害賠償責任は認められますが、損害賠償額が減額されることもあります。

　雇用契約において、労働者の健康状態を把握し管理する責任は、第一次的には使用者にあるというべきです。労働安全衛生法66条1項は、企業に対し定期健康診断の実施義務を課しています。企業は定期健康診断等で労働者の健康状態を把握し、過労死につながる疾病や症状の早期発見に努めなければいけません。

　また、過労死につながるような既往症を持っている労働者については、企業はとりわけ健康状態に配慮しなければなりません。労働安全衛生法66条の5は、企業が健康診断結果に基づき、医師の意見を聴き、労働者の実状を考慮して、就業場所の変更、作業の転換、労働時間の短縮などの適切な措置をとるべき義務を定めています。

　よって、既往症がある労働者の死亡についても、企業による健康管理や措置に問題があれば、企業に対して損害賠償請求ができます。

　実際に、脳・心臓疾患で倒れた方のなかには、高血圧症や心臓病などの何らかの既往症を持っている方も少なくありません。また、加齢に伴って喫煙歴が長い方もいます。このような場合は、企業の損害賠償責任が認められたとしても、既往症や生活習慣が被災者側の寄与度や過失と評価され、当事者間の公平を理由に、損害賠償額が減額されることがあります。

　しかし、労働者の健康状態を把握し管理する責任が第一次的には使用者にあることからすれば、寄与度や過失による賠償額の減額は、安易に行うべきではありません。

50 | 被災者の性格

Q 会社が、息子の自殺は本人のまじめすぎる性格が原因だと言って、責任を認めません。企業責任の追及は難しいのでしょうか？

A 労働者の性格は多様であり、個々の労働者の性格や仕事に対する姿勢を理由に、企業責任が否定されることや賠償額が減額されることは許されません。

　個々の労働者の性格は多様なので、労働者の性格が同種の業務に従事する労働者の個性の多様さとして通常想定される範囲内にあるかぎり、その性格や仕事に対する姿勢などを理由に賠償額を減額することはできません。

　過労自殺による企業責任を認めた電通事件（最高裁平成12年3月24日判決・労働判例779号13頁）は、「企業等に雇用される労働者の性格が多様のものであることはいうまでもないところ、ある業務に従事する特定の労働者の性格が同種の業務に従事する労働者の個性の多様さとして通常想定される範囲を外れるものでない限り、その性格及びこれに基づく業務遂行の態様等が業務の過重負担に起因して当該労働者に生じた損害の発生又は拡大に寄与したとしても、そのような事態は使用者として予想すべきものということができる」とし、被災者の性格を理由にした賠償額の減額を行わず、電通の責任を全面的に認める判決を出しました。

　また、交替制勤務によりクリーンルーム作業に従事する労働者がうつ病で自殺した事案においても、裁判所は被災者の性格を理由にした賠償額の減額を行っておらず、企業の責任を全面的に認め（アテスト〈ニコン熊谷製作所〉事件・東京高裁平成21年7月28日判決・労働判例990号50頁)、この判断は最高裁でも確定しています（平成23年9月30日付上告棄却決定・上告受理申立不受理決定）。

51 損益相殺

Q 労災保険による給付を受けている場合、企業に対する損害賠償請求訴訟の判決では、どの程度の賠償額が認められるのでしょうか？

A 労災保険によってすでに給付を受けた金額のうちの一部が、企業による賠償額から控除される可能性があります。

　労災保険による給付を受けている場合、企業が支払うべき損害賠償額のうち、すでに労災保険給付を受けた金額分の一部が控除されますが、将来の労災保険給付予定分については控除されません（最高裁昭和52年5月27日判決・判例時報857号73頁）。

　企業が支払うべき損害賠償額のうち、労災保険給付と同一の事由といえるのは、逸失利益のみであり、入院雑費、付添看護費、慰謝料等は控除の対象になりません（最高裁昭和62年7月10日判決・労働判例507号6頁）。

　控除の対象となる労災保険給付は、遺族補償年金などの年金分にかぎられ、労働福祉事業に基づく特別支給金は控除の対象になりません（最高裁平成8年2月23日判決・労働判例695号13頁）。

　したがって、現在の裁判所の考え方に基づけば、企業に対する損害賠償請求訴訟の判決では、労災保険による給付額の一部を控除して賠償額が認められる可能性があります。

　たとえば、労災保険からすでに受給した遺族補償年金が200万円、遺族特別年金が50万円、特別支給金が300万円の事案の場合、すでに受給した遺族補償年金の200万円のみが、企業による賠償額のうち、逸失利益から控除される可能性があります。

　葬祭料については、労災保険から受給した葬祭料の金額が、裁判所が企業に負担させるべきであると認定した葬祭料の金額から、控除される可能性があります。

52 企業との文書作成の留意点

Q 企業と示談や和解をする場合は、支払金についてどのような文書を作成すればよいのでしょうか？

A 企業による支払金は、労災保険給付とは別に受領する金員であることを明記することが大切です。

　企業による損害賠償を受けている場合、国は労災保険について一定の限度で保険給付をしないことができるという規定があります（労災保険法64条2項）。そのため、企業からの補償を受けた後に、労災保険給付の額を減らすため、労働基準監督署が企業による支払金の名目や金額を尋ねてくることがあります。

　この場合、労働基準監督署に対しては、企業による支払金が労災保険給付とは別に受領した金員であることを説明してください。企業による支払金の性質をはっきりさせるためには、企業と示談や和解をする際に、労災保険給付とは別に受領する金員であることを明記することが大切です。

　また、企業と示談や和解をする場合は、通常「特別弔慰金」や「解決金」、「和解金」として、一括した金員を受け取ることから、金額の内訳について明記することはありません。この場合、「解決金」や「和解金」は、慰謝料や弔慰金としての性質を有する金員と解すべきなので、労働基準監督署に支払金の趣旨を聞かれた場合も、そのように説明するのが妥当です。

　また、企業から会社規程どおりの上積み補償金などの金員の支払いを受けるのであれば、労災保険による給付とは別に受領する金員であるといえるので、労働基準監督署は労災保険による給付を減額することはできません。

　なお、一般に、慰謝料には所得税が課されることはありません。

53 専門家への相談

Q 労災申請や企業への補償請求を考えていますが、専門家に相談したほうがよいのでしょうか？

A できるだけ早い時期に、弁護士などの専門家に相談してください。

　労災申請や企業に対する補償請求を考えている遺族には、できるだけ早い時期に弁護士などの専門家に相談することをおすすめします。労災申請手続および企業に対する補償請求の両方について、総合的な助言や手続の代行を希望する場合は、どの分野も担当できる弁護士に相談するのがよいといえます。ただし、弁護士にも専門分野があるので、過労死や過労自殺の労災事件に詳しい弁護士に相談してください。

　労災と認定されなかった後に、初めて専門家に相談するのは、避けたほうがよいといえます。なぜなら、その後の不服申立手続で業務外決定をくつがえすことはかなり難しく〔➡Q31参照〕、行政訴訟までやらざるをえないことが多いためです。行政訴訟は遺族にとっても負担が大きく、当初の労災申請の段階で労働基準監督署に労災と認めさせることが重要といえます。労災認定がなされると、一般に企業に対する補償請求もしやすくなります〔➡Q48参照〕。

　とくに必要な資料を企業が遺族に提出しない場合に、証拠保全手続〔➡Q15参照〕をとりたいと考えるのであれば、早い段階で弁護士に依頼する必要が生じます。

　損害賠償請求の時効が成立していなくとも、死亡から期間が経過しているほど、必要な証拠が散逸している可能性も高くなります。

　弁護士に相談する場合は、一般に法律相談料が必要となり、事件を依頼する場合は、弁護士費用（実費、着手金、報酬金）がかかります。金額については、担当弁護士とよく協議して決めてください。

休憩室

FIKA（フィーカ）のすすめ

　"FIKA（フィーカ）"。この言葉を知ったのは、1年前に旅行で北欧を訪れたときでした。FIKAとは、スウェーデンの伝統的なコーヒーブレイクのことを言います。コーヒーや紅茶などの飲み物を片手に、美味しいお菓子と一緒に仲間とのおしゃべりなどを楽しむ、心穏やかなひとときです。FIKAは、午前と午後に2回行われることが多く、この時間は休業してしまうお店もあるほどです。

　北欧を訪れたときに感じた、ゆったりとした時間の流れや、穏やかな空気は、まさにFIKAそのものでした。お店の開店時間は遅く、平日の昼間でも公園にはシートを引いて寝転がっている家族や恋人たちがたくさんいます。

　また、お店の開店時間が遅いのに、閉店時間が早く、多くの店が午後6時頃には店じまいをしてしまうため、観光客の私たちも、買い物は早めに済ませなければいけません。白夜（びゃくや）の時期は、いつまでも日が落ちないため、店じまいをした大人たちが、明るい夜の街で飲み続けている光景が印象的でした。北欧で過ごした数日間は、私自身も何度もFIKAを楽しみました。北欧諸国は、福祉が充実しており、税率が高いことで有名ですが、「ワーク・シェアリング」（勤労者同士で雇用を分け合うこと）を積極的に取り入れ、安心して暮らせる社会を実現してきました。

　日本と北欧諸国では、教育制度や社会保障制度をはじめとする、国の体制の違いはありますが、人々の働き方には学べる点が多いように思います。日本でも「ワーク・シェアリング」をうまく活用できれば、特定の労働者に仕事が集中することを改善し、働き過ぎを防ぐことにもつながるでしょう。私自身、旅から戻れば、日々の仕事に追われて心の余裕を失いがちですが、たまにはFIKAを楽しむ時間を大切にしたいと思います。

［平本紋子］

第VII章
過労死・過労自殺の予防

Q54【会社に対する職場改善要求】

Q55【労働基準監督署や労働局への申告】

Q56【退職の自由】

Q57【産業医】

Q58【過労死防止基本法】

54 | 会社に対する職場改善要求

Q 息子の死亡が労災と認定されました。同じような犠牲者を出さないよう会社に対し要求したいのですが、どのようにすればよいでしょうか？

A 遺族として、息子さんの死亡の原因を明確にして、労災防止のための具体的措置を会社に対し要求していくのが効果的です。仮に労災保険や企業補償という金銭面でのことがらが解決したとしても、亡くなった方々が戻ってくるわけではありません。遺族の共通の願いは、同じような過労死や過労自殺を発生させないということだと思います。

　まず、労災認定が出た後に、労働基準監督署（労基署）から認定の理由を口頭で聞いたり、また、労働局に対して個人情報開示請求手続〔➡Q31参照〕を行うなどして、労基署が労災と判断した理由を正確に知ることが大切です。そのうえで、長時間労働が原因となっている場合には、会社に対して、時間外労働の削減のため、労働時間管理の徹底・サービス残業の廃止・36協定（労使で時間外労働の上限を定めている協定）の改善などの具体的措置を求めていくことが重要です。

　また、上司によるパワハラ・セクハラなどが原因となっている場合には、これらのハラスメントを一掃するための社内教育の徹底、適切な人事異動などの労務管理を要求していくことが大切です。

　さらに、うつ病など精神障害に関しては上司が基本的な知識を有していないことが多いのが実状です。したがって、企業の責任で医師などの専門家を招いての講座・勉強会などを開催させることも効果的です。

　労働組合（労組）がある職場では、事情を労組にも伝えて、職場の改善のために活動を強めるように要請していくことが重要です。

55 | 労働基準監督署や労働局への申告

Q 会社が労災防止に取り組まないときに、監督省庁に訴えることができますか？

A 労働基準監督署や労働局に対して、申告することができます。

　労災が発生しても、会社によっては何ら反省せず、労働条件・労働環境の改善に取り組まないことがあります。労働基準監督署（労基署）が労災と認定しても、労基署の判断が間違っていると言って、長時間労働を放置する会社すらあります。このような場合には、企業を監督している国の機関に申告・告発することが効果的です。一般に、労働基準法違反の事実がある場合には、その事業所を担当する地域の労基署に申告をして、是正勧告などの行動を促すことができます（労働基準法104条）。また、悪質な違反に対しては、刑事罰を求めて告発をすることも可能です（同法117条以下）。この場合には、労基署担当官が警察官の役割を果たして検察庁に送検することになります（同法102条）。

　まだ労災が発生したわけではないが、違法な長時間労働（サービス残業など）が蔓延しているときに、誰かが労基署や労働局に申告することによって、労基署や労働局が企業に立ち入り調査をすることもあります。事情がある場合には、申告は匿名でも可能です。

　これらの仕事は、労基署の場合、監督課が担当することになっています。また、労基署で労災の認定を得た場合には、労災申請を担当した労災課とは別に、同じ労基署の監督課がその事実を踏まえて、会社に対して監督行政の立場から必要な指導を行うよう要請することが大切です。通常、労災課から監督課に情報が伝わることになっているはずですが、念のために確認して、監督課を動かすことが大切です。

56 退職の自由

Q いまの会社がひどい長時間労働なので退職を申し出たのですが、上司が認めてくれません。どうすればよいでしょうか？

A 労働者は退職する権利をもっています。会社の承諾は必要ありません。

　過労死で亡くなった人々の調査をすると、亡くなる前に会社に退職したいと述べていたのに、上司が、「いまは忙しいから駄目だ」「あと3か月間は働いてくれ」などと言って、引き止めていたケースが多くあります。業務による過労・ストレスで消耗している労働者にとっては、仕事を続けることは大変な負担です。

　とくにうつ病などを発症していた場合には、会社に出勤することが極めて大きい精神的な負担となります。過労自殺で亡くなったケースのなかには、退職予定日まであと数日の時点で死亡したという例もあります。

　したがって、働く人々のいのちと健康を守るためにも、会社を退職する自由は、最大限尊重されなければなりません。

　重要なのは、法律上、退職をするのに会社の許可や承諾は不要ということです。民法627条は、期間の定めのない雇用契約について、労働者が会社に対して退職の意思を表示してから2週間が経過すると、雇用関係は終了する旨定めています。

　上司にも社長にも、労働者の退職を止める権利はありません。

　「このままでは過労死してしまう」と訴えていた人が、実際に過労死に至った例がたくさんあります。

　職場を改善することが最も重要なことですが、身を守る次善の策として、会社を退職する決断をせざるをえないこともあります。

57 産業医

Q 長時間の残業が続いた後、会社の産業医と面談しました。産業医の役割について教えてください。

A 産業医は、会社に対して、労働者の命と健康を守るために必要な意見を述べる役割をもっています。

　産業医とは、労働安全衛生法13条に基づき、労働者の健康管理のために医師のなかから選任されている専門家です。

　産業医は、労働者の健康を維持するために必要があると認めるときは、会社（事業者）に対し、労働者の健康管理について必要な勧告をすることができます。そして、会社は、その勧告を受けたときには、これを尊重しなければならない、と法律で定められています。

　したがって、もしあなたが長時間残業の結果、健康に不安を覚えたり、心身に変調をきたしているのであれば、産業医にそのことをきちっと伝えることが大切です。長時間労働の実態を産業医に伝え、このままでは健康が損なわれてしまう、あるいはすでに異変が出ていると、明確に述べることが重要です。

　労働者の健康維持に熱心にとりくんでいる産業医の場合には、会社の担当者にきちっと意見を述べ、職場改善に努力します。

　ただ、現状としては、産業医のなかには、会社に対して意見をあまり述べず、逆に労働者側に「多少のことは我慢しなさい」などとお説教をするような困った医師もいます。また、精神障害のことは専門外で詳しくない産業医が、不適切なアドバイスを労働者に行うこともあります。もし、産業医への正当な批判がある場合には、主治医と相談したり、労働基準監督署に相談することも一つの方法です。

　また、産業医制度が正しく機能するために、国に対して、研修制度の充実など産業医の質的な向上を求めていくことも重要です。

58 過労死防止基本法

Q 過労死の発生を防止するために、法律をつくることができないでしょうか？

A 過労死で家族を亡くした人々や過労死問題に携わる弁護士などが、過労死防止基本法を制定する取組みを行っています。

　過労死や過労自殺があとをたたないのは、企業の労務管理のあり方に問題があることと、適切な法律がないことが主な原因です。

　日本には多くの労働関係の法律がありますが、長時間の労働を規制するという観点から見ると、抜け穴がたくさんあります。欧州各国の法律と比較しても、労働時間の規制の強さがまったくちがいます。また、日本にはパワハラを規制する明確な労働関係の法律が作られていません。

　こうした現状を改革するための第一歩として、過労死で家族を亡くした人々や過労死問題に携わる弁護士などが取り組んでいるのが、過労死防止基本法を制定することです。

　この基本法では、①過労死はあってはならないことを、国が宣言する、②過労死をなくすために、国・自治体・事業主の責務を明確にする、③国は、過労死に関する調査・研究を行うとともに、総合的な対策を行うことなどを定めたいと考えています。

　日本には、悪徳商法から消費者の権利を守るための消費者基本法をはじめ、多くの基本法が国会で制定されています。こうした基本法をもとにして、さらに具体的な法律の制定や改正、行政の改善などを図っていくことができます。

　いのちより大切な仕事ってあるでしょうか。

　働く者のいのちと健康を守るために、必要な法律の制定や改正などを働きかけていきましょう。

過労死・過労自殺労災認定マニュアル
資料

【資料1】
脳血管疾患及び虚血性心疾患等の認定基準

【資料2】
心理的負荷による精神障害の認定基準

資料1：脳血管疾患及び虚血性心疾患等（負傷に起因するものを除く。）の認定基準

平成13年12月12日　基発第1063号

第1　基本的な考え方

　脳血管疾患及び虚血性心疾患等（負傷に起因するものを除く。以下「脳・心臓疾患」という。）は、その発症の基礎となる動脈硬化等による血管病変又は動脈瘤、心筋変性等の基礎的病態（以下「血管病変等」という。）が長い年月の生活の営みの中で形成され、それが徐々に進行し、増悪するといった自然経過をたどり発症に至るものとされている。

　しかしながら、業務による明らかな過重負荷が加わることによって、血管病変等がその自然経過を超えて著しく増悪し、脳・心臓疾患が発症する場合があり、そのような経過をたどり発症した脳・心臓疾患は、その発症に当たって、業務が相対的に有力な原因であると判断し、業務に起因することの明らかな疾病として取り扱うものである。

　このような脳・心臓疾患の発症に影響を及ぼす業務による明らかな過重負荷として、発症に近接した時期における負荷のほか、長期間にわたる疲労の蓄積も考慮することとした。

　また、業務の過重性の評価に当たっては、労働時間、勤務形態、作業環境、精神的緊張の状態等を具体的かつ客観的に把握、検討し、総合的に判断する必要がある。

第2　対象疾病

　本認定基準は、次に掲げる脳・心臓疾患を対象疾病として取り扱う。

　1　脳血管疾患
　(1)　脳内出血（脳出血）
　(2)　くも膜下出血
　(3)　脳梗塞
　(4)　高血圧性脳症

　2　虚血性心疾患等
　(1)　心筋梗塞
　(2)　狭心症
　(3)　心停止（心臓性突然死を含む。）
　(4)　解離性大動脈瘤

第3　認定要件

　次の(1)、(2)又は(3)の業務による明らかな過重負荷を受けたことにより発症した脳・心臓疾患は、労働基準法施行規則別表第1の2第9号に該当する疾病として取り扱う。
(1)　発症直前から前日までの間において、発生状態を時間的及び場所的に明確にし得る異常な出来事（以下「異常な出来事」という。）に遭遇したこと。
(2)　発症に近接した時期において、特に過重な業務（以下「短期間の過重業務」という。）に就労したこと。
(3)　発症前の長期間にわたって、著しい疲労の蓄積をもたらす特に過重な業務（以下「長期間の過重業務」という。）に就労したこと。

第4　認定要件の運用

1　脳・心臓疾患の疾患名及び発症時期の特定について
(1)　疾患名の特定について
　脳・心臓疾患の発症と業務との関連性を判断する上で、発症した疾患名は重要であるので、臨床所見、解剖所見、発症前後の身体の状況等から疾患名を特定し、対象疾病に該当することを確認すること。
　なお、前記第2の対象疾病に掲げられていない脳卒中等については、後記第5によること。
(2)　発症時期の特定について
　脳・心臓疾患の発症時期については、業務と発症との関連性を検討する際の起点となるものである。
　通常、脳・心臓疾患は、発症（血管病変等の破綻（出血）又は閉塞した状態をいう。）の直後に症状が出現（自覚症状又は他覚所見が明らかに認められることをいう。）するとされているので、臨床所見、症状の経過等から症状が出現した日を特定し、その日をもって発症日とすること。
　なお、前駆症状（脳・心臓疾患発症の警告の症状をいう。）が認められる場合であって、当該前駆症状と発症した脳・心臓疾患との関連性が医学的に明らかとされたときは、当該前駆症状が確認された日をもって発症日とすること。

2　過重負荷について
　過重負荷とは、医学経験則に照らして、脳・心臓疾患の発症の基礎となる血管病変等をその自然経過を超えて著しく増悪させ得ることが客観的に認められる負荷をいい、業務による明らかな過重負荷と認められるものとして、「異常な出来事」、「短期間の過重業務」及び「長期間の過重業務」に区分し、認定要件としたものである。
　ここでいう自然経過とは、加齢、一般生活等において生体が受ける通常の要因による血管病変等の形成、進行及び増悪の経過をいう。

(1) 異常な出来事について
ア 異常な出来事
異常な出来事とは、具体的には次に掲げる出来事である。
(ア) 極度の緊張、興奮、恐怖、驚がく等の強度の精神的負荷を引き起こす突発的又は予測困難な異常な事態
(イ) 緊急に強度の身体的負荷を強いられる突発的又は予測困難な異常な事態
(ウ) 急激で著しい作業環境の変化
イ 評価期間
異常な出来事と発症との関連性については、通常、負荷を受けてから24時間以内に症状が出現するとされているので、発症直前から前日までの間を評価期間とする。
ウ 過重負荷の有無の判断
異常な出来事と認められるか否かについては、①通常の業務遂行過程においては遭遇することがまれな事故又は災害等で、その程度が甚大であったか、②気温の上昇又は低下等の作業環境の変化が急激で著しいものであったか等について検討し、これらの出来事による身体的、精神的負荷が著しいと認められるか否かという観点から、客観的かつ総合的に判断すること。

(2) 短期間の過重業務について
ア 特に過重な業務
特に過重な業務とは、日常業務に比較して特に過重な身体的、精神的負荷を生じさせたと客観的に認められる業務をいうものであり、日常業務に就労する上で受ける負荷の影響は、血管病変等の自然経過の範囲にとどまるものである。
ここでいう日常業務とは、通常の所定労働時間内の所定業務内容をいう。
イ 評価期間
発症に近接した時期とは、発症前おおむね1週間をいう。
ウ 過重負荷の有無の判断
(ア) 特に過重な業務に就労したと認められるか否かについては、業務量、業務内容、作業環境等を考慮し、同僚労働者又は同種労働者(以下「同僚等」という。)にとっても、特に過重な身体的、精神的負荷と認められるか否かという観点から、客観的かつ総合的に判断すること。
ここでいう同僚等とは、当該労働者と同程度の年齢、経験等を有する健康な状態にある者のほか、基礎疾患を有していたとしても日常業務を支障なく遂行できる者をいう。
(イ) 短期間の過重業務と発症との関連性を時間的にみた場合、医学的には、発症に近いほど影響が強く、発症から遡るほど関連性は希薄となるとされているので、次に示す業務と発症との時間的関連を考慮して、特に過重な業務と認められるか否かを判断すること。
① 発症に最も密接な関連性を有する業務は、発症直前から前日までの間の業務であるので、まず、この間の業務が特に過重であるか否かを判断すること。
② 発症直前から前日までの間の業務が特に過重であると認められない場合であっ

ても、発症前おおむね1週間以内に過重な業務が継続している場合には、業務と発症との関連性があると考えられるので、この間の業務が特に過重であるか否かを判断すること。
　なお、発症前おおむね1週間以内に過重な業務が継続している場合の継続とは、この期間中に過重な業務に就労した日が連続しているという趣旨であり、必ずしもこの期間を通じて過重な業務に就労した日が間断なく続いている場合のみをいうものではない。したがって、発症前おおむね1週間以内に就労しなかった日があったとしても、このことをもって、直ちに業務起因性を否定するものではない。
(ウ) 業務の過重性の具体的な評価に当たっては、以下に掲げる負荷要因について十分検討すること。
　　a　労働時間
労働時間の長さは、業務量の大きさを示す指標であり、また、過重性の評価の最も重要な要因であるので、評価期間における労働時間については、十分に考慮すること。
例えば、発症直前から前日までの間に特に過度の長時間労働が認められるか、発症前おおむね1週間以内に継続した長時間労働が認められるか、休日が確保されていたか等の観点から検討し、評価すること。
　　b　不規則な勤務
不規則な勤務については、予定された業務スケジュールの変更の頻度・程度、事前の通知状況、予測の度合、業務内容の変更の程度等の観点から検討し、評価すること。
　　c　拘束時間の長い勤務
拘束時間の長い勤務については、拘束時間数、実労働時間数、労働密度（実作業時間と手待時間との割合等）、業務内容、休憩・仮眠時間数、休憩・仮眠施設の状況（広さ、空調、騒音等）等の観点から検討し、評価すること。
　　d　出張の多い業務
出張については、出張中の業務内容、出張（特に時差のある海外出張）の頻度、交通手段、移動時間及び移動時間中の状況、宿泊の有無、宿泊施設の状況、出張中における睡眠を含む休憩・休息の状況、出張による疲労の回復状況等の観点から検討し、評価すること。
　　e　交替制勤務・深夜勤務
交替制勤務・深夜勤務については、勤務シフトの変更の度合、勤務と次の勤務までの時間、交替制勤務における深夜時間帯の頻度等の観点から検討し、評価すること。
　　f　作業環境
作業環境については、脳・心臓疾患の発症との関連性が必ずしも強くないとされていることから、過重性の評価に当たっては付加的に考慮すること。
　　(a) 温度環境
温度環境については、寒冷の程度、防寒衣類の着用の状況、一連続作業時間中の採暖の状況、暑熱と寒冷との交互のばく露の状況、激しい温度差がある場所への出入りの頻度等の観点から検討し、評価すること。
なお、温度環境のうち高温環境については、脳・心臓疾患の発症との関連性が明ら

かでないとされていることから、一般的に発症への影響は考え難いが、著しい高温環境下で業務に就労している状況が認められる場合には、過重性の評価に当たって配慮すること。
　(b)　騒音
　騒音については、おおむね80dBを超える騒音の程度、そのばく露時間・期間、防音保護具の着用の状況等の観点から検討し、評価すること。
　(c)　時差
　飛行による時差については、5時間を超える時差の程度、時差を伴う移動の頻度等の観点から検討し、評価すること。
　g　精神的緊張を伴う業務
　精神的緊張を伴う業務については、別紙の「精神的緊張を伴う業務」に掲げられている具体的業務又は出来事に該当するものがある場合には、負荷の程度を評価する視点により検討し、評価すること。
　また、精神的緊張と脳・心臓疾患の発症との関連性については、医学的に十分な解明がなされていないこと、精神的緊張は業務以外にも多く存在すること等から、精神的緊張の程度が特に著しいと認められるものについて評価すること。
(3)　長期間の過重業務について
　ア　疲労の蓄積の考え方
　恒常的な長時間労働等の負荷が長期間にわたって作用した場合には、「疲労の蓄積」が生じ、これが血管病変等をその自然経過を超えて著しく増悪させ、その結果、脳・心臓疾患を発症させることがある。
　このことから、発症との関連性において、業務の過重性を評価するに当たっては、発症前の一定期間の就労実態等を考察し、発症時における疲労の蓄積がどの程度であったかという観点から判断することとする。
　イ　特に過重な業務
　特に過重な業務の考え方は、前記(2)のアの「特に過重な業務」の場合と同様である。
　ウ　評価期間
　発症前の長期間とは、発症前おおむね6か月間をいう。
　なお、発症前おおむね6か月より前の業務については、疲労の蓄積に係る業務の過重性を評価するに当たり、付加的要因として考慮すること。
　エ　過重負荷の有無の判断
　(ア)　著しい疲労の蓄積をもたらす特に過重な業務に就労したと認められるか否かについては、業務量、業務内容、作業環境等を考慮し、同僚等にとっても、特に過重な身体的、精神的負荷と認められるか否かという観点から、客観的かつ総合的に判断すること。
　(イ)　業務の過重性の具体的な評価に当たっては、疲労の蓄積の観点から、労働時間のほか前記(2)のウの(ウ)のbからgまでに示した負荷要因について十分検討すること。
　　　その際、疲労の蓄積をもたらす最も重要な要因と考えられる労働時間に着目す

ると、その時間が長いほど、業務の過重性が増すところであり、具体的には、発症日を起点とした1か月単位の連続した期間をみて、
① 発症前1か月間ないし6か月間にわたって、1か月当たりおおむね45時間を超える時間外労働が認められない場合は、業務と発症との関連性が弱いが、おおむね45時間を超えて時間外労働時間が長くなるほど、業務と発症との関連性が徐々に強まると評価できること
② 発症前1か月間におおむね100時間又は発症前2か月間ないし6か月間にわたって、1か月当たりおおむね80時間を超える時間外労働が認められる場合は、業務と発症との関連性が強いと評価できること
を踏まえて判断すること。

ここでいう時間外労働時間数は、1週間当たり40時間を超えて労働した時間数である。

また、休日のない連続勤務が長く続くほど業務と発症との関連性をより強めるものであり、逆に、休日が十分確保されている場合は、疲労は回復ないし回復傾向を示すものである。

第5　その他

1　脳卒中について

脳卒中は、脳血管発作により何らかの脳障害を起こしたものをいい、従来、脳血管疾患の総称として用いられているが、現在では、一般的に前記第2の1に掲げた疾患に分類されている。

脳卒中として請求された事案については、前記第4の1の(1)の考え方に基づき、可能な限り疾患名を確認すること。

その結果、対象疾病以外の疾病であることが確認された場合を除き、本認定基準によって判断して差し支えない。

2　急性心不全について

急性心不全（急性心臓死、心臓麻痺等という場合もある。）は、疾患名ではないことから、前記第4の1の(1)の考え方に基づき、可能な限り疾患名を確認すること。

その結果、急性心不全の原因となった疾病が、対象疾病以外の疾病であることが確認された場合を除き、本認定基準によって判断して差し支えない。

3　不整脈について

平成8年1月22日付け基発第30号で対象疾病としていた「不整脈による突然死等」は、不整脈が一義的な原因となって心停止又は心不全症状等を発症したものであることから、「不整脈による突然死等」は、前記第2の2の(3)の「心停止（心臓性突然死を含む。）」に含めて取り扱うこと。

資料2：心理的負荷による精神障害の認定基準

平成23年12月26日　基発1226第1号

第1　対象疾病

　本認定基準で対象とする疾病（以下「対象疾病」という。）は、国際疾病分類第10回修正版（以下「ICD-10」という。）第Ⅴ章「精神および行動の障害」に分類される精神障害であって、器質性のもの及び有害物質に起因するものを除く。
　対象疾病のうち業務に関連して発病する可能性のある精神障害は、主としてICD-10のF2からF4に分類される精神障害である。
　なお、器質性の精神障害及び有害物質に起因する精神障害（ICD-10のF0及びF1に分類されるもの）については、頭部外傷、脳血管障害、中枢神経変性疾患等の器質性脳疾患に付随する疾病や化学物質による疾病等として認められるか否かを個別に判断する。
　また、いわゆる心身症は、本認定基準における精神障害には含まれない。

第2　認定要件

　次の1、2及び3のいずれの要件も満たす対象疾病は、労働基準法施行規則別表第1の2第9号に該当する業務上の疾病として取り扱う。
　1　対象疾病を発病していること。
　2　対象疾病の発病前おおむね6か月の間に、業務による強い心理的負荷が認められること。
　3　業務以外の心理的負荷及び個体側要因により対象疾病を発病したとは認められないこと。
　また、要件を満たす対象疾病に併発した疾病については、対象疾病に付随する疾病として認められるか否かを個別に判断し、これが認められる場合には当該対象疾病と一体のものとして、労働基準法施行規則別表第1の2第9号に該当する業務上の疾病として取り扱う。

第3　認定要件に関する基本的な考え方

　対象疾病の発病に至る原因の考え方は、環境由来の心理的負荷（ストレス）と、個体側の反応性、脆弱性との関係で精神的破綻が生じるかどうかが決まり、心理的負荷が非常に強ければ、個体側の脆弱性が小さくても精神的破綻が起こるし、逆に脆弱性が大きければ、心理的負荷が小さくても破綻が生ずるとする「ストレス-脆弱性理論」に依拠している。
　このため、心理的負荷による精神障害の業務起因性を判断する要件としては、対象

疾病の発病の有無、発病の時期及び疾患名について明確な医学的判断があることに加え、当該対象疾病の発病の前おおむね6か月の間に業務による強い心理的負荷が認められることを掲げている。

この場合の強い心理的負荷とは、精神障害を発病した労働者がその出来事及び出来事後の状況が持続する程度を主観的にどう受け止めたかではなく、同種の労働者が一般的にどう受け止めるかという観点から評価されるものであり、「同種の労働者」とは職種、職場における立場や職責、年齢、経験等が類似する者をいう。

さらに、これらの要件が認められた場合であっても、明らかに業務以外の心理的負荷や個体側要因によって発病したと認められる場合には、業務起因性が否定されるため、認定要件を上記第2のとおり定めた。

第4　認定要件の具体的判断

1　発病の有無等の判断

対象疾病の発病の有無、発病時期及び疾患名は、「ICD－10 精神および行動の障害 臨床記述と診断ガイドライン」(以下「診断ガイドライン」という。)に基づき、主治医の意見書や診療録等の関係資料、請求人や関係者からの聴取内容、その他の情報から得られた認定事実により、医学的に判断される。特に発病時期については特定が難しい場合があるが、そのような場合にもできる限り時期の範囲を絞り込んだ医学意見を求め判断する。

なお、強い心理的負荷と認められる出来事の前と後の両方に発病の兆候と理解し得る言動があるものの、どの段階で診断基準を満たしたのかの特定が困難な場合には、出来事の後に発病したものと取り扱う。

精神障害の治療歴のない事案については、主治医意見や診療録等が得られず発病の有無の判断も困難となるが、この場合にはうつ病エピソードのように症状に周囲が気づきにくい精神障害もあることに留意しつつ関係者からの聴取内容等を医学的に慎重に検討し、診断ガイドラインに示されている診断基準を満たす事実が認められる場合又は種々の状況から診断基準を満たすと医学的に推定される場合には、当該疾患名の精神障害が発病したものとして取り扱う。

2　業務による心理的負荷の強度の判断

上記第2の認定要件のうち、2の「対象疾病の発病前おおむね6か月の間に、業務による強い心理的負荷が認められること」とは、対象疾病の発病前おおむね6か月の間に業務による出来事があり、当該出来事及びその後の状況による心理的負荷が、客観的に対象疾病を発病させるおそれのある強い心理的負荷であると認められることをいう。

このため、業務による心理的負荷の強度の判断に当たっては、精神障害発病前おおむね6か月の間に、対象疾病の発病に関与したと考えられる業務によるどのような出来事があり、また、その後の状況がどのようなものであったのかを具体的に把握し、

それらによる心理的負荷の強度はどの程度であるかについて、別表1「業務による心理的負荷評価表」(以下「別表1」という。)を指標として「強」、「中」、「弱」の三段階に区分する。

なお、別表1においては、業務による強い心理的負荷が認められるものを心理的負荷の総合評価が「強」と表記し、業務による強い心理的負荷が認められないものを「中」又は「弱」と表記している。「弱」は日常的に経験するものであって一般的に弱い心理的負荷しか認められないもの、「中」は経験の頻度は様々であって「弱」よりは心理的負荷があるものの強い心理的負荷とは認められないものをいう。

具体的には次のとおり判断し、総合評価が「強」と判断される場合には、上記第2の2の認定要件を満たすものとする。

(1) 「特別な出来事」に該当する出来事がある場合

発病前おおむね6か月の間に、別表1の「特別な出来事」に該当する業務による出来事が認められた場合には、心理的負荷の総合評価を「強」と判断する。

(2) 「特別な出来事」に該当する出来事がない場合

「特別な出来事」に該当する出来事がない場合は、以下の手順により心理的負荷の総合評価を行い、「強」、「中」又は「弱」に評価する。

ア 「具体的出来事」への当てはめ

発病前おおむね6か月の間に認められた業務による出来事が、別表1の「具体的出来事」のどれに該当するかを判断する。ただし、実際の出来事が別表1の「具体的出来事」に合致しない場合には、どの「具体的出来事」に近いかを類推して評価する。

なお、別表1では、「具体的出来事」ごとにその平均的な心理的負荷の強度を、強い方から「Ⅲ」、「Ⅱ」、「Ⅰ」として示している。

イ 出来事ごとの心理的負荷の総合評価

(ア) 該当する「具体的出来事」に示された具体例の内容に、認定した「出来事」や「出来事後の状況」についての事実関係が合致する場合には、その強度で評価する。

(イ) 事実関係が具体例に合致しない場合には、「具体的出来事」ごとに示している「心理的負荷の総合評価の視点」及び「総合評価における共通事項」に基づき、具体例も参考としつつ個々の事案ごとに評価する。

なお、「心理的負荷の総合評価の視点」及び具体例は、次の考え方に基づいて示しており、この考え方は個々の事案の判断においても適用すべきものである。また、具体例はあくまでも例示であるので、具体例の「強」の欄で示したもの以外は「強」と判断しないというものではない。

a 類型①「事故や災害の体験」は、出来事自体の心理的負荷の強弱を特に重視した評価としている。

b 類型①以外の出来事については、「出来事」と「出来事後の状況」の両者を軽重の別なく評価しており、総合評価を「強」と判断するのは次のような場合である。

(a) 出来事自体の心理的負荷が強く、その後に当該出来事に関する本人の対応を伴っている場合

(b) 出来事自体の心理的負荷としては「中」程度であっても、その後に当該出来事

に関する本人の特に困難な対応を伴っている場合
　c　上記bのほか、いじめやセクシュアルハラスメントのように出来事が繰り返されるものについては、繰り返される出来事を一体のものとして評価し、また、「その継続する状況」は、心理的負荷が強まるものとしている。
(3)　出来事が複数ある場合の全体評価
　対象疾病の発病に関与する業務による出来事が複数ある場合の心理的負荷の程度は、次のように全体的に評価する。
　ア　上記(1)及び(2)によりそれぞれの出来事について総合評価を行い、いずれかの出来事が「強」の評価となる場合は、業務による心理的負荷を「強」と判断する。
　イ　いずれの出来事でも単独では「強」の評価とならない場合には、それらの複数の出来事について、関連して生じているのか、関連なく生じているのかを判断した上で、
①　出来事が関連して生じている場合には、その全体を一つの出来事として評価することとし、原則として最初の出来事を「具体的出来事」として別表1に当てはめ、関連して生じた各出来事は出来事後の状況とみなす方法により、その全体評価を行う。
　　具体的には、「中」である出来事があり、それに関連する別の出来事（それ単独では「中」の評価）が生じた場合には、後発の出来事は先発の出来事の出来事後の状況とみなし、当該後発の出来事の内容、程度により「強」又は「中」として全体を評価する。
②　一つの出来事のほかに、それとは関連しない他の出来事が生じている場合には、主としてそれらの出来事の数、各出来事の内容（心理的負荷の強弱）、各出来事の時間的な近接の程度を元に、その全体的な心理的負荷を評価する。
　　具体的には、単独の出来事の心理的負荷が「中」である出来事が複数生じている場合には、全体評価は「中」又は「強」となる。また、「中」の出来事が一つあるほかには「弱」の出来事しかない場合には原則として全体評価も「中」であり、「弱」の出来事が複数生じている場合には原則として全体評価も「弱」となる。
(4)　時間外労働時間数の評価
　別表1には、時間外労働時間数（週40時間を超える労働時間数をいう。以下同じ。）を指標とする基準を次のとおり示しているので、長時間労働が認められる場合にはこれにより判断する。
　なお、業務による強い心理的負荷は、長時間労働だけでなく、仕事の失敗、役割・地位の変化や対人関係等、様々な出来事及びその後の状況によっても生じることから、この時間外労働時間数の基準に至らない場合にも、時間数のみにとらわれることなく、上記(1)から(3)により心理的負荷の強度を適切に判断する。
　ア　極度の長時間労働による評価
　極度の長時間労働は、心身の極度の疲弊、消耗を来し、うつ病等の原因となることから、発病日から起算した直前の1か月間におおむね160時間を超える時間外労働を行った場合等には、当該極度の長時間労働に従事したことのみで心理的負荷の総合評

価を「強」とする。
　イ　長時間労働の「出来事」としての評価
　　長時間労働以外に特段の出来事が存在しない場合には、長時間労働それ自体を「出来事」とし、新たに設けた「1か月に80時間以上の時間外労働を行った（項目16）」という「具体的出来事」に当てはめて心理的負荷を評価する。
　　項目16の平均的な心理的負荷の強度は「Ⅱ」であるが、発病日から起算した直前の2か月間に1月当たりおおむね120時間以上の時間外労働を行い、その業務内容が通常その程度の労働時間を要するものであった場合等には、心理的負荷の総合評価を「強」とする。項目16では、「仕事内容・仕事量の（大きな）変化を生じさせる出来事があった（項目15）」と異なり、労働時間数がそれ以前と比べて増加していることは必要な条件ではない。
　　なお、他の出来事がある場合には、時間外労働の状況は下記ウによる総合評価において評価されることから、原則として項目16では評価しない。ただし、項目16で「強」と判断できる場合には、他に出来事が存在しても、この項目でも評価し、全体評価を「強」とする。
　ウ　恒常的長時間労働が認められる場合の総合評価
　　出来事に対処するために生じた長時間労働は、心身の疲労を増加させ、ストレス対応能力を低下させる要因となることや、長時間労働が続く中で発生した出来事の心理的負荷はより強くなることから、出来事自体の心理的負荷と恒常的な長時間労働（月100時間程度となる時間外労働）を関連させて総合評価を行う。
　　具体的には、「中」程度と判断される出来事の後に恒常的な長時間労働が認められる場合等には、心理的負荷の総合評価を「強」とする。
　　なお、出来事の前の恒常的な長時間労働の評価期間は、発病前おおむね6か月の間とする。
　(5)　出来事の評価の留意事項
　　業務による心理的負荷の評価に当たっては、次の点に留意する。
　①　業務上の傷病により6か月を超えて療養中の者が、その傷病によって生じた強い苦痛や社会復帰が困難な状況を原因として対象疾病を発病したと判断される場合には、当該苦痛等の原因となった傷病が生じた時期は発病の6か月よりも前であったとしても、発病前おおむね6か月の間に生じた苦痛等が、ときに強い心理的負荷となることにかんがみ、特に当該苦痛等を出来事（「(重度の)病気やケガをした（項目1）」）とみなすこと。
　②　いじめやセクシュアルハラスメントのように、出来事が繰り返されるものについては、発病の6か月よりも前にそれが開始されている場合でも、発病前6か月以内の期間にも継続しているときは、開始時からのすべての行為を評価の対象とすること。
　③　生死にかかわる業務上のケガをした、強姦に遭った等の特に強い心理的負荷となる出来事を体験した者は、その直後に無感覚等の心的まひや解離等の心理的反応が生じる場合があり、このため、医療機関への受診時期が当該出来事から6か

月よりも後になることもある。その場合には、当該解離性の反応が生じた時期が発病時期となるため、当該発病時期の前おおむね6か月の間の出来事を評価すること。
④ 本人が主張する出来事の発生時期は発病の6か月より前である場合であっても、発病前おおむね6か月の間における出来事の有無等についても調査し、例えば当該期間における業務内容の変化や新たな業務指示等が認められるときは、これを出来事として発病前おおむね6か月の間の心理的負荷を評価すること。

3 業務以外の心理的負荷及び個体側要因の判断

上記第2の認定要件のうち、3の「業務以外の心理的負荷及び個体側要因により対象疾病を発病したとは認められないこと」とは、次の①又は②の場合をいう。
① 業務以外の心理的負荷及び個体側要因が認められない場合
② 業務以外の心理的負荷又は個体側要因は認められるものの、業務以外の心理的負荷又は個体側要因によって発病したことが医学的に明らかであると判断できない場合

(1) 業務以外の心理的負荷の判断
ア 業務以外の心理的負荷の強度については、対象疾病の発病前おおむね6か月の間に、対象疾病の発病に関与したと考えられる業務以外の出来事の有無を確認し、出来事が一つ以上確認できた場合は、それらの出来事の心理的負荷の強度について、別表2「業務以外の心理的負荷評価表」を指標として、心理的負荷の強度を「Ⅲ」、「Ⅱ」又は「Ⅰ」に区分する。
イ 出来事が確認できなかった場合には、上記①に該当するものと取り扱う。
ウ 強度が「Ⅱ」又は「Ⅰ」の出来事しか認められない場合は、原則として上記②に該当するものと取り扱う。
エ 「Ⅲ」に該当する業務以外の出来事のうち心理的負荷が特に強いものがある場合や、「Ⅲ」に該当する業務以外の出来事が複数ある場合等については、それらの内容等を詳細に調査の上、それが発病の原因であると判断することの医学的な妥当性を慎重に検討して、上記②に該当するか否かを判断する。

(2) 個体側要因の評価

本人の個体側要因については、その有無とその内容について確認し、個体側要因の存在が確認できた場合には、それが発病の原因であると判断することの医学的な妥当性を慎重に検討して、上記②に該当するか否かを判断する。業務による強い心理的負荷が認められる事案であって個体側要因によって発病したことが医学的に見て明らかな場合としては、例えば、就業年齢前の若年期から精神障害の発病と寛解を繰り返しており、請求に係る精神障害がその一連の病態である場合や、重度のアルコール依存状況がある場合等がある。

第5 精神障害の悪化の業務起因性

業務以外の原因や業務による弱い（「強」と評価できない）心理的負荷により発病して治療が必要な状態にある精神障害が悪化した場合、悪化の前に強い心理的負荷となる業務による出来事が認められることをもって直ちにそれが当該悪化の原因であるとまで判断することはできず、原則としてその悪化について業務起因性は認められない。

ただし、別表1の「特別な出来事」に該当する出来事があり、その後おおむね6か月以内に対象疾病が自然経過を超えて著しく悪化したと医学的に認められる場合については、その「特別な出来事」による心理的負荷が悪化の原因であると推認し、悪化した部分について、労働基準法施行規則別表第1の2第9号に該当する業務上の疾病として取り扱う。

上記の「治療が必要な状態」とは、実際に治療が行われているものに限らず、医学的にその状態にあると判断されるものを含む。

第6 専門家意見と認定要件の判断

認定要件を満たすか否かを判断するに当たっては、医師の意見と認定した事実に基づき次のとおり行う。

1 主治医意見による判断

すべての事案（対象疾病の治療歴がない自殺に係る事案を除く。）について、主治医から、疾患名、発病時期、主治医の考える発病原因及びそれらの判断の根拠についての意見を求める。

その結果、労働基準監督署長（以下「署長」という。）が認定した事実と主治医の診断の前提となっている事実が対象疾病の発病時期やその原因に関して矛盾なく合致し、その事実を別表1に当てはめた場合に「強」に該当することが明らかで、下記2又は3に該当しない場合には、認定要件を満たすものと判断する。

2 専門医意見による判断

次の事案については、主治医の意見に加え、地方労災医員等の専門医に対して意見を求め、その意見に基づき認定要件を満たすか否かを判断する。

① 主治医が発病時期やその原因を特定できない又はその根拠等があいまいな事案等、主治医の医学的判断の補足が必要な事案
② 疾患名が、ICD－10のF3（気分（感情）障害）及びF4（神経症性障害、ストレス関連障害および身体表現性障害）以外に該当する事案
③ 署長が認定した事実関係を別表1に当てはめた場合に、「強」に該当しない（「中」又は「弱」である）ことが明らかな事案
④ 署長が認定した事実関係を別表1に当てはめた場合に、明確に「強」に該当するが、業務以外の心理的負荷又は個体側要因が認められる事案（下記3③に該当

する事案を除く。)

3 専門部会意見による判断
次の事案については、主治医の意見に加え、地方労災医員協議会精神障害等専門部会に協議して合議による意見を求め、その意見に基づき認定要件を満たすか否かを判断する。
① 自殺に係る事案
② 署長が認定した事実関係を別表1に当てはめた場合に、「強」に該当するかどうかも含め判断しがたい事案
③ 署長が認定した事実関係を別表1に当てはめた場合に、明確に「強」に該当するが、顕著な業務以外の心理的負荷又は個体側要因が認められる事案
④ その他、専門医又は署長が、発病の有無、疾患名、発病時期、心理的負荷の強度の判断について高度な医学的検討が必要と判断した事案

4 法律専門家の助言
関係者が相反する主張をする場合の事実認定の方法や関係する法律の内容等について、法律専門家の助言が必要な場合には、医学専門家の意見とは別に、法務専門員等の法律専門家の意見を求める。

第7 療養及び治ゆ

心理的負荷による精神障害は、その原因を取り除き、適切な療養を行えば全治し、再度の就労が可能となる場合が多いが、就労が可能な状態でなくとも治ゆ（症状固定）の状態にある場合もある。

例えば、医学的なリハビリテーション療法が実施された場合には、それが行われている間は療養期間となるが、それが終了した時点が通常は治ゆ（症状固定）となる。また、通常の就労が可能な状態で、精神障害の症状が現れなくなった又は安定した状態を示す「寛解」との診断がなされている場合には、投薬等を継続している場合であっても、通常は治ゆ（症状固定）の状態にあると考えられる。

療養期間の目安を一概に示すことは困難であるが、例えば薬物が奏功するうつ病について、9割近くが治療開始から6か月以内にリハビリ勤務を含めた職場復帰が可能となり、また、8割近くが治療開始から1年以内、9割以上が治療開始から2年以内に治ゆ（症状固定）となるとする報告がある。

なお、対象疾病がいったん治ゆ（症状固定）した後において再びその治療が必要な状態が生じた場合は、新たな発病と取り扱い、改めて上記第2の認定要件に基づき業務上外を判断する。

治ゆ後、症状の動揺防止のため長期間にわたり投薬等が必要とされる場合にはアフターケア（平成19年4月23日付け基発第0423002号）を、一定の障害を残した場合には障害補償給付（労働者災害補償保険法第15条）を、それぞれ適切に実施する。

第8 その他

1 自殺について

業務によりICD−10のＦ０からＦ４に分類される精神障害を発病したと認められる者が自殺を図った場合には、精神障害によって正常の認識、行為選択能力が著しく阻害され、あるいは自殺行為を思いとどまる精神的抑制力が著しく阻害されている状態に陥ったものと推定し、業務起因性を認める。

その他、精神障害による自殺の取扱いについては、従前の例（平成11年9月14日付け基発第545号）による。

2 セクシュアルハラスメント事案の留意事項

セクシュアルハラスメントが原因で対象疾病を発病したとして労災請求がなされた事案の心理的負荷の評価に際しては、特に次の事項に留意する。

① セクシュアルハラスメントを受けた者（以下「被害者」という。）は、勤務を継続したいとか、セクシュアルハラスメントを行った者（以下「行為者」という。）からのセクシュアルハラスメントの被害をできるだけ軽くしたいとの心理などから、やむを得ず行為者に迎合するようなメール等を送ることや、行為者の誘いを受け入れることがあるが、これらの事実がセクシュアルハラスメントを受けたことを単純に否定する理由にはならないこと。

② 被害者は、被害を受けてからすぐに相談行動をとらないことがあるが、この事実が心理的負荷が弱いと単純に判断する理由にはならないこと。

③ 被害者は、医療機関でもセクシュアルハラスメントを受けたということをすぐに話せないこともあるが、初診時にセクシュアルハラスメントの事実を申し立てていないことが心理的負荷が弱いと単純に判断する理由にはならないこと。

④ 行為者が上司であり被害者が部下である場合、行為者が正規職員であり被害者が非正規労働者である場合等、行為者が雇用関係上被害者に対して優越的な立場にある事実は心理的負荷を強める要素となり得ること。

3 本省協議

ICD−10のＦ５からＦ９に分類される対象疾病に係る事案及び本認定基準により判断することが適当ではない事案については、本省に協議すること。

別表1：業務による心理的負荷評価表

特別な出来事

特別な出来事の類型	心理的負荷の総合評価を「強」とするもの
心理的負荷が極度のもの	・生死にかかわる、極度の苦痛を伴う、又は永久労働不能となる後遺障害を残す業務上の傷病やケガをした（業務上の傷病により6か月を超えて療養中に症状が急変し極度の苦痛を伴った場合を含む）……項目1関連 ・業務に関連し、他人を死亡させ、又は生死にかかわる重大なケガを負わせた（故意によるものを除く）……項目3関連 ・強姦や、本人の意思を抑圧して行われたわいせつ行為などのセクシュアルハラスメントを受けた……項目36関連 ・その他、上記に準ずる程度の心理的負荷が極度と認められるもの
極度の長時間労働	・発病直前の1か月におおむね160時間を超えるような、又はこれに満たない期間にこれと同程度の（例えば3週間におおむね120時間以上の）時間外労働を行った（休憩時間は少ないが手待時間が多い場合等、労働密度が特に低い場合を除く）…項目16関連

※「特別な出来事」に該当しない場合には、それぞれの関連項目により評価する。

特別な出来事以外

（総合評価における共通事項）
1 出来事後の状況の評価に共通の視点
出来事後の状況として、表に示す「心理的負荷の総合評価の視点」のほか、以下に該当する状況のうち、著しいものは総合評価を強める要素として考慮する。
① 仕事の裁量性の欠如（他律性、強制性の存在）。具体的には、仕事が孤独で単調となった、自分で仕事の順番・やり方を決めることができなくなった、自分の技能や知識を仕事で使うことが要求されなくなった等。
② 職場環境の悪化。具体的には、騒音、照明、温度（暑熱・寒冷）、湿度（多湿）、換気、臭気の悪化等。
③ 職場の支援・協力等（問題への対処等を含む）の欠如。具体的には、仕事のやり方の見直し改善、応援体制の確立、責任の分散等、支援・協力がなされていない等。
④ 上記以外の状況であって、出来事に伴って発生したと認められるもの（他の出来事と評価できるものを除く。）

2 恒常的長時間労働が認められる場合の総合評価
① 具体的出来事の心理的負荷の強度が労働時間を加味せずに「中」程度と評価される場合であって、出来事の後に恒常的な長時間労働（月100時間程度となる時間外労働）が認められる場合には、総合評価は「強」とする。
② 具体的出来事の心理的負荷の強度が労働時間を加味せずに「中」程度と評価される場合であって、出来事の前に恒常的な長時間労働（月100時間程度となる時間外労働）が認められ、出来事後すぐに（出来事後おおむね10日以内に）発病に至っている場合、又は、出来事後すぐに発病には至っていないが事後対応に多大な労力を費しその後発病した場合、総合評価は「強」とする。
③ 具体的出来事の心理的負荷の強度が、労働時間を加味せずに「弱」程度と評価される場合であって、出来事の前及び後にそれぞれ恒常的な長時間労働（月100時間程度となる時間外労働）が認められる場合には、総合評価は「強」とする。

(具体的出来事)

	出来事の類型	具体的出来事	平均的な心理的負荷の強度			心理的負荷の総合評価の視点
			心理的負荷の強度			
			Ⅰ	Ⅱ	Ⅲ	
1	① 事故や災害の体験	(重度の)病気やケガをした			☆	・病気やケガの程度 ・後遺障害の程度、社会復帰の困難性等
2		悲惨な事故や災害の体験、目撃をした		☆		・本人が体験した場合、予感させる被害の程度 ・他人の事故を目撃した場合、被害の程度や被害者との関係等
3	② 仕事の失敗、過重な責任の発生等	業務に関連し、重大な人身事故、重大事故を起こした			☆	・事故の大きさ、内容及び加害の程度 ・ペナルティ・責任追及の有無及び程度、事後対応の困難性等
4		会社の経営に影響するなどの重大な仕事上のミスをした			☆	・失敗の大きさ・重大性、社会的反響の大きさ、損害等の程度 ・ペナルティ・責任追及の有無及び程度、事後対応の困難性等

	心理的負荷の強度を「弱」「中」「強」と判断する具体例		
	弱	中	強
	【解説】 右の程度に至らない病気やケガについて、その程度等から「弱」又は「中」と評価		**○重度の病気やケガをした** 【「強」である例】 ・長期間（おおむね２か月以上）の入院を要する、又は労災の障害年金に該当する若しくは原職への復帰ができなくなる後遺障害を残すような業務上の病気やケガをした ・業務上の傷病により６か月を超えて療養中の者について、当該傷病により社会復帰が困難な状況にあった、死の恐怖や強い苦痛が生じた
	【「弱」になる例】 ・業務に関連し、本人の負傷は軽症・無傷で、悲惨とまではいえない事故等の体験、目撃をした	**○悲惨な事故や災害の体験、目撃をした** 【「中」である例】 ・業務に関連し、本人の負傷は軽症・無傷で、右の程度に至らない悲惨な事故等の体験、目撃をした	【「強」になる例】 ・業務に関連し、本人の負傷は軽度・無傷であったが、自らの死を予感させる程度の事故等を体験した ・業務に関連し、被害者が死亡する事故、多量の出血を伴うような事故等特に悲惨な事故であって、本人が巻き込まれる可能性がある状況や、本人が被害者を救助することができたかもしれない状況を伴う事故を目撃した（傍観者的な立場での目撃は、「強」になることはまれ）
	【解説】 負わせたケガの程度、事後対応の内容等から「弱」又は「中」と評価		**○業務に関連し、重大な人身事故、重大事故を起こした** 【「強」である例】 ・業務に関連し、他人に重度の病気やケガ（長期間（おおむね２か月以上）の入院を要する、又は労災の障害年金に該当する若しくは原職への復帰ができなくなる後遺障害を残すような病気やケガ）を負わせ、事後対応にも当たった ・他人に負わせたケガの程度は重度ではないが、事後対応に多大な労力を費した（減給、降格等の重いペナルティを課された、職場の人間関係が著しく悪化した等を含む）
	【解説】 ミスの程度、事後対応の内容等から「弱」又は「中」と評価		**○会社の経営に影響するなどの重大な仕事上のミスをし、事後対応にも当たった** 【「強」である例】 ・会社の経営に影響するなどの重大な仕事上のミス（倒産を招きかねないミス、大幅な業績悪化に繋がるミス、会社の信用を著しく傷つけるミス等）をし、事後対応にも当たった ・「会社の経営に影響するなどの重大な仕事上のミス」とまでは言えないが、その事後対応に多大な労力を費した（懲戒処分、降格、月給額を超える賠償責任の追及等重いペナルティを課された、職場の人間関係が著しく悪化した等を含む）

	出来事の類型	平均的な心理的負荷の強度				心理的負荷の総合評価の視点	
		具体的出来事	心理的負荷の強度				
			Ⅰ	Ⅱ	Ⅲ		
5	② 仕事の失敗、過重な責任の発生等	会社で起きた事故、事件について、責任を問われた		☆		・事故、事件の内容、関与・責任の程度、社会的反響の大きさ等 ・ペナルティの有無及び程度、責任追及の程度、事後対応の困難性等 （注）この項目は、部下が起こした事故等、本人が直接引き起こしたものではない事故、事件について、監督責任等を問われた場合の心理的負荷を評価する。本人が直接引き起こした事故等については、項目4で評価する。	
6		自分の関係する仕事で多額の損失等が生じた		☆		・損失等の程度、社会的反響の大きさ等 ・事後対応の困難性等 （注）この項目は、取引先の倒産など、多額の損失等が生じた原因に本人が関与していないものの、それに伴う対応等による心理的負荷を評価する。本人のミスによる多額の損失等については、項目4で評価する。	
7		業務に関連し、違法行為を強要された		☆		・違法性の程度、強要の程度（頻度、方法）等 ・事後のペナルティの程度、事後対応の困難性等	
8		達成困難なノルマが課された		☆		・ノルマの内容、困難性、強制の程度、達成できなかった場合の影響、ペナルティの有無等 ・その後の業務内容・業務量の程度、職場の人間関係等	

	心理的負荷の強度を「弱」「中」「強」と判断する具体例		
	弱	中	強
	【「弱」になる例】 ・軽微な事故、事件(損害等の生じない事態、その後の業務で容易に損害等を回復できる事態、社内でたびたび生じる事態等)の責任(監督責任等)を一応問われたが、特段の事後対応はなかった	○会社で起きた事故、事件について、責任を問われた 【「中」である例】 ・立場や職責に応じて事故、事件の責任(監督責任等)を問われ、何らかの事後対応を行った	【「強」になる例】 ・重大な事故、事件(倒産を招きかねない事態や大幅な業績悪化に繋がる事態、会社の信用を著しく傷つける事態、他人を死亡させ、又は生死に関わるケガを負わせる事態等)の責任(監督責任等)を問われ、事後対応に多大な労力を費した ・重大とまではいえない事故、事件ではあるが、その責任(監督責任等)を問われ、立場や職責を大きく上回る事後対応を行った(減給、降格等の重いペナルティが課された等を含む)
	【「弱」になる例】 ・多額とはいえない損失(その後の業務で容易に回復できる損失、社内でたびたび生じる損失等)等が生じ、何らかの事後対応を行った	○自分の関係する仕事で多額の損失等が生じた 【「中」である例】 ・多額の損失等が生じ、何らかの事後対応を行った	【「強」になる例】 ・会社の経営に影響するなどの特に多額の損失(倒産を招きかねない損失、大幅な業績悪化に繋がる損失等)が生じ、倒産を回避するための金融機関や取引先への対応等の事後対応に多大な労力を費した
	【「弱」になる例】 ・業務に関連し、商慣習としてはまれに行われるような違法行為を求められたが、拒むことにより終了した	○業務に関連し、違法行為を強要された 【「中」である例】 ・業務に関連し、商慣習としてはまれに行われるような違法行為を命じられ、これに従った	【「強」になる例】 ・業務に関連し、重大な違法行為(人の生命に関わる違法行為、発覚した場合に会社の信用を著しく傷つける違法行為)を命じられた ・業務に関連し、反対したにもかかわらず、違法行為を執拗に命じられ、やむなくそれに従った ・業務に関連し、重大な違法行為を命じられ、何度もそれに従った ・業務に関連し、強要された違法行為が発覚し、事後対応に多大な労力を費した(重いペナルティを課された等を含む)
	【「弱」になる例】 ・同種の経験等を有する労働者であれば達成可能なノルマを課された ・ノルマではない業績目標が示された(当該目標が、達成を強く求められるものではなかった)	○達成困難なノルマが課された 【「中」である例】 ・達成は容易ではないものの、客観的にみて、努力すれば達成も可能であるノルマが課され、この達成に向けた業務を行った	【「強」になる例】 ・客観的に、相当な努力があっても達成困難なノルマが課され、達成できない場合には重いペナルティがあると予告された

	出来事の類型	具体的出来事	平均的な心理的負荷の強度			心理的負荷の総合評価の視点
			心理的負荷の強度			
			Ⅰ	Ⅱ	Ⅲ	
9	② 仕事の失敗、過重な責任の発生等	ノルマが達成できなかった		☆		・達成できなかったことによる経営上の影響度、ペナルティの程度等 ・事後対応の困難性等 （注）期限に至っていない場合でも、達成できない状況が明らかになった場合にはこの項目で評価する。
10		新規事業の担当になった、会社の建て直しの担当になった		☆		・新規業務の内容、本人の職責、困難性の程度、能力と業務内容のギャップの程度等 ・その後の業務内容、業務量の程度、職場の人間関係等
11		顧客や取引先から無理な注文を受けた		☆		・顧客・取引先の重要性、要求の内容等 ・事後対応の困難性等
12		顧客や取引先からクレームを受けた		☆		・顧客・取引先の重要性、会社に与えた損害の内容、程度等 ・事後対応の困難性等 （注）この項目は、本人に過失のないクレームについて評価する。本人のミスによるものは、項目4で評価する。

	心理的負荷の強度を「弱」「中」「強」と判断する具体例		
	弱	中	強
	【「弱」になる例】 ・ノルマが達成できなかったが、何ら事後対応は必要なく、会社から責任を問われること等もなかった ・業績目標が達成できなかったものの、当該目標の達成は、強く求められていたものではなかった	○ノルマが達成できなかった 【「中」である例】 ・ノルマが達成できなかったことによりペナルティ（昇進の遅れ等を含む。）があった	【「強」になる例】 ・経営に影響するようなノルマ（達成できなかったことにより倒産を招きかねないもの、大幅な業績悪化につながるもの、会社の信用を著しく傷つけるもの等）が達成できず、そのため、事後対応に多大な労力を費した（懲戒処分、降格、左遷、賠償責任の追及等重いペナルティを課された等を含む）
	【「弱」になる例】 ・軽微な新規事業等（新規事業であるが、責任が大きいとはいえないもの）の担当になった	○新規事業の担当になった、会社の建て直しの担当になった 【「中」である例】 ・新規事業等（新規プロジェクト、新規の研究開発、会社全体や不採算部門の建て直し等、成功に対する高い評価が期待されやりがいも大きいが責任も大きい業務）の担当になった。	【「強」になる例】 ・経営に重大な影響のある新規事業等（失敗した場合に倒産を招きかねないもの、大幅な業績悪化につながるもの、会社の信用を著しく傷つけるもの、成功した場合に会社の新たな主要事業になるもの等）の担当であって、事業の成否に重大な責任のある立場に就き、当該業務に当たった
	【「弱」になる例】 ・同種の経験等を有する労働者であれば達成可能な注文を出され、業務内容・業務量に一定の変化があった ・要望が示されたが、達成を強く求められるものではなく、業務内容・業務量に大きな変化もなかった	○顧客や取引先から無理な注文を受けた 【「中」である例】 ・業務に関連して、顧客や取引先から無理な注文（大幅な値下げや納期の繰上げ、度重なる設計変更等）を受け、何らかの事後対応を行った	【「強」になる例】 ・通常なら拒むことが明らかな注文（業績の著しい悪化が予想される注文、違法行為を内包する注文等）ではあるが、重要な顧客や取引先からのものであるためこれを受け、他部門や別の取引先と困難な調整に当たった
	【「弱」になる例】 ・顧客等からクレームを受けたが、特に対応を求められるものではなく、取引関係や、業務内容・業務量に大きな変化もなかった	○顧客や取引先からクレームを受けた 【「中」である例】 ・業務に関連して、顧客等からクレーム（納品物の不適合の指摘等その内容が妥当なもの）を受けた	【「強」になる例】 ・顧客や取引先から重大なクレーム（大口の顧客等の喪失を招きかねないもの、会社の信用を著しく傷つけるもの等）を受け、その解消のために他部門や別の取引先と困難な調整に当たった

	出来事の類型	具体的出来事	平均的な心理的負荷の強度			心理的負荷の総合評価の視点
			心理的負荷の強度			
			Ⅰ	Ⅱ	Ⅲ	
13	② 仕事の失敗、過重な責任の発生等	大きな説明会や公式の場での発表を強いられた	☆			・説明会等の規模、業務内容と発表内容のギャップ、強要、責任、事前準備の程度等
14		上司が不在になることにより、その代行を任された	☆			・代行した業務の内容、責任の程度、本来業務との関係、能力・経験とのギャップ、職場の人間関係等 ・代行期間等
15	③ 仕事の量・質	仕事内容・仕事量の（大きな）変化を生じさせる出来事があった		☆		・業務の困難性、能力・経験と業務内容のギャップ等 ・時間外労働、休日労働、業務の密度の変化の程度、仕事内容、責任の変化の程度等 （注）発病前おおむね６か月において、時間外労働時間数に変化がみられる場合には、他の項目で評価される場合でも、この項目でも評価する。
16		１か月に80時間以上の時間外労働を行った		☆		・業務の困難性 ・長時間労働の継続期間 （注）この項目の「時間外労働」は、すべて休日労働時間を含む。
17		２週間以上にわたって連続勤務を行った		☆		・業務の困難性、能力・経験と業務内容のギャップ等 ・時間外労働、休日労働、業務密度の変化の程度、業務の内容、責任の変化の程度等

	心理的負荷の強度を「弱」「中」「強」と判断する具体例		
	弱	中	強
○大きな説明会や公式の場での発表を強いられた		【解説】説明会等の内容や事前準備の程度、本人の経験等から評価するが、「強」になることはまれ	
○上司が不在になることにより、その代行を任された		【解説】代行により課せられた責任の程度、その期間や代行した業務内容、本人の過去の経験等とのギャップ等から評価するが、「強」になることはまれ	
	【「弱」になる例】 ・仕事内容の変化が容易に対応できるもの※であり、変化後の業務の負荷が大きくなかった ・仕事量(時間外労働時間数等)に、「中」に至らない程度の変化があった	○仕事内容・仕事量の大きな変化を生じさせる出来事があった 【「中」である例】 ・担当業務内容の変更、取引undefined等の急増等により、仕事内容、仕事量の大きな変化(時間外労働時間数としてはおおむね20時間以上増加し1月当たりおおむね45時間以上となるなど)が生じた	【「強」になる例】 ・仕事量が著しく増加して時間外労働も大幅に増える(倍以上に増加し、1月当たりおおむね100時間以上となる)などの状況になり、その後の業務に多大な労力を費した(休憩・休日を確保するのが困難なほどの状態となった等を含む) ・過去に経験したことがない仕事内容に変更となり、常時緊張を強いられる状態となった
	【「弱」になる例】 ・1か月に80時間未満の時間外労働を行った (注)他の項目で評価されない場合のみ評価する。	○1か月に80時間以上の時間外労働を行った (注)他の項目で評価されない場合のみ評価する。	【「強」になる例】 ・発病直前の連続した2か月間に、1月当たりおおむね120時間以上の時間外労働を行い、その業務内容が通常その程度の労働時間を要するものであった ・発病直前の連続した3か月間に、1月当たりおおむね100時間以上の時間外労働を行い、その業務内容が通常その程度の労働時間を要するものであった
	【「弱」になる例】 ・休日労働を行った	○2週間(12日)以上にわたって連続勤務を行った 【「中」である例】 ・平日の時間外労働だけではこなせない業務量がある、休日に対応しなければならない業務が生じた等の事情により、2週間(12日)以上にわたって連続勤務を行った(1日あたりの労働時間が特に短い場合、手待時間が多い等の労働密度が特に低い場合を除く)	【「強」になる例】 ・1か月以上にわたって連続勤務を行った ・2週間(12日)以上にわたって連続勤務を行い、その間、連日、深夜時間帯に及ぶ時間外労働を行った (いずれも、1日あたりの労働時間が特に短い場合、手待時間が多い等の労働密度が特に低い場合を除く)

※会議・研修等の参加の強制、職場のOA化の進展、部下の増加、同一事業場内の所属部署の統廃合、担当外業務としての非正規職員の教育等

	出来事の類型	具体的出来事	平均的な心理的負荷の強度			心理的負荷の総合評価の視点
			心理的負荷の強度			
			Ⅰ	Ⅱ	Ⅲ	
18	③ 仕事の量・質	勤務形態に変化があった	☆			・交替制勤務、深夜勤務等変化の程度、変化後の状況等
19		仕事のペース、活動の変化があった	☆			・変化の程度、強制性、変化後の状況等
20	④ 役割・地位の変化等	退職を強要された			☆	・解雇又は退職強要の経過、強要の程度、職場の人間関係等 (注)ここでいう「解雇又は退職強要」には、労働契約の形式上期間を定めて雇用されている者であっても、当該契約が期間の定めのない契約と実質的に異ならない状態となっている場合の雇止めの通知を含む。
21		配置転換があった		☆		・職種、職務の変化の程度、配置転換の理由・経過等 ・業務の困難性、能力・経験と業務内容のギャップ等 ・その後の業務内容、業務量の程度、職場の人間関係等 (注) 出向を含む。
22		転勤をした		☆		・職種、職務の変化の程度、転勤の理由・経過、単身赴任の有無、海外の治安の状況等 ・業務の困難性、能力・経験と業務内容のギャップ等 ・その後の業務内容、業務量の程度、職場の人間関係等
23		複数名で担当していた業務を1人で担当するようになった		☆		・業務の変化の程度等 ・その後の業務内容、業務量の程度、職場の人間関係等

心理的負荷の強度を「弱」「中」「強」と判断する具体例		
弱	中	強
○勤務形態に変化があった	【解説】変更後の勤務形態の内容、一般的な日常生活とのギャップ等から評価するが、「強」になることはまれ	
○仕事のペース、活動の変化があった	【解説】仕事のペースの変化の程度、労働者の過去の経験等とのギャップ等から評価するが、「強」になることはまれ	
【解説】退職勧奨が行われたが、その方法、頻度等からして強要とはいえない場合には、その方法等から「弱」又は「中」と評価		○退職を強要された 【「強」である例】 ・退職の意思のないことを表明しているにもかかわらず、執拗に退職を求められた ・恐怖感を抱かせる方法を用いて退職勧奨された ・突然解雇の通告を受け、何ら理由が説明されることなく、説明を求めても応じられず、撤回されることもなかった
【「弱」になる例】 ・以前に経験した業務等、配置転換後の業務が容易に対応できるものであり、変化後の業務の負荷が軽微であった	○配置転換があった (注) ここでの「配置転換」は、所属部署（担当係等）、勤務場所の変更を指し、転居を伴うものを除く。	【「強」である例】 ・過去に経験した業務と全く異なる質の業務に従事することとなったため、配置転換後の業務に対応するのに多大な労力を費した ・配置転換後の地位が、過去の経験からみて異例なほど重い責任が課されるものであった ・左遷された（明らかな降格であって配置転換としては異例なものであり、職場内で孤立した状況になった）
【「弱」になる例】 ・以前に経験した場所である等、転勤後の業務が容易に対応できるものであり、変化後の業務の負荷が軽微であった	○転勤をした (注) ここでの「転勤」は、勤務場所の変更であって転居を伴うものを指す。 なお、業務内容の変化についての評価は、項目21に準じて判断する。	【「強」である例】 ・転勤先は初めて赴任する外国であって現地の職員との会話が不能、治安状況が不安といったような事情から、転勤後の業務遂行に著しい困難を伴った
【「弱」になる例】 ・複数名で担当していた業務を一人で担当するようになったが、業務内容・業務量はほとんど変化がなかった	○複数名で担当していた業務を一人で担当するようになった 【「中」である例】 ・複数名で担当していた業務を一人で担当するようになり、業務内容・業務量に何らかの変化があった。	【「強」である例】 ・業務を一人で担当するようになったため、業務量が著しく増加し時間外労働が大幅に増えるなどの状況になり、かつ、必要な休憩・休日も取れない等常時緊張を強いられるような状態となった

	出来事の類型	具体的出来事	平均的な心理的負荷の強度			心理的負荷の総合評価の視点
			心理的負荷の強度			
			Ⅰ	Ⅱ	Ⅲ	
24	④ 役割・地位の変化等	非正規社員であるとの理由等により、仕事上の差別、不利益取扱いを受けた		☆		・差別・不利益取扱いの理由・経過、内容、程度、職場の人間関係等 ・その継続する状況
25		自分の昇格・昇進があった	☆			・職務・責任の変化の程度等 ・その後の業務内容、職場の人間関係等
26		部下が減った	☆			・職場における役割・位置付けの変化、業務の変化の内容・程度等 ・その後の業務内容、職場の人間関係等
27		早期退職制度の対象となった	☆			・対象者選定の合理性、代償措置の内容、制度の事前周知の状況、その後の状況、職場の人間関係等
28		非正規社員である自分の契約満了が迫った	☆			・契約締結時、期間満了前の説明の有無、その内容、その後の状況、職場の人間関係等
29	⑤ 対人関係	(ひどい) 嫌がらせ、いじめ、又は暴行を受けた			☆	・嫌がらせ、いじめ、暴行の内容、程度等 ・その継続する状況 (注) 上司から業務指導の範囲内の叱責等を受けた場合、上司と業務をめぐる方針等において対立が生じた場合等は、項目30等で評価する。
30		上司とのトラブルがあった		☆		・トラブルの内容、程度等 ・その後の業務への支障等

	心理的負荷の強度を「弱」「中」「強」と判断する具体例		
	弱	中	強
	【「弱」になる例】 ・社員間に処遇の差異があるが、その差は小さいものであった	〇非正規社員であるとの理由等により、仕事上の差別、不利益取扱いを受けた 【「中」である例】 ・非正規社員であるとの理由、又はその他の理由により、仕事上の差別、不利益取扱いを受けた ・業務の遂行から疎外・排除される取扱いを受けた	【「強」になる例】 ・仕事上の差別、不利益取扱いの程度が著しく大きく、人格を否定するようなものであって、かつこれが継続した
	〇自分の昇格・昇進があった	【解説】 本人の経験等と著しく乖離した責任が課せられる等の場合に、昇進後の職責、業務内容等から評価するが、「強」になることはまれ	
	〇部下が減った	【解説】 部下の減少がペナルティの意味を持つものである等の場合に、減少の程度(人数等)等から評価するが、「強」になることはまれ	
	〇早期退職制度の対象となった	【解説】 制度の創設が突然であり退職までの期間が短い等の場合に、対象者選定の基準等から評価するが、「強」になることはまれ	
	〇非正規社員である自分の契約満了が迫った	【解説】 事前の説明に反した突然の契約終了(雇止め)通告であり契約終了までの期間が短かった等の場合に、その経過等から評価するが、「強」になることはまれ	
	【解説】 部下に対する上司の言動が業務指導の範囲を逸脱し、又は同僚等による多人数が結託しての言動が、それぞれ右の程度に至らない場合について、その内容、程度、経過と業務指導からの逸脱の程度により「弱」又は「中」と評価 【「弱」になる例】 ・複数の同僚等の発言により不快感を覚えた(客観的には嫌がらせ、いじめとはいえないものも含む)	【「中」になる例】 ・上司の叱責の過程で業務指導の範囲を逸脱した発言があったが、これが継続していない ・同僚等が結託して嫌がらせを行ったが、これが継続していない	〇ひどい嫌がらせ、いじめ、又は暴行を受けた 【「強」である例】 ・部下に対する上司の言動が、業務指導の範囲を逸脱しており、その中に人格や人間性を否定するような言動が含まれ、かつ、これが執拗に行われた ・同僚等による多人数が結託しての人格や人間性を否定するような言動が執拗に行われた ・治療を要する程度の暴行を受けた
	【「弱」になる例】 ・上司から、業務指導の範囲内である指導・叱責を受けた ・業務をめぐる方針等において、上司との考え方の相違が生じた(客観的にはトラブルとはいえないものも含む)	〇上司とのトラブルがあった 【「中」である例】 ・上司から、業務指導の範囲内である強い指導・叱責を受けた ・業務をめぐる方針等において、周囲からも客観的に認識されるような対立が上司との間に生じた	【「強」になる例】 ・業務をめぐる方針等において、周囲からも客観的に認識されるような大きな対立が上司との間に生じ、その後の業務に大きな支障を来した

	出来事の類型	具体的出来事	平均的な心理的負荷の強度			心理的負荷の総合評価の視点
			心理的負荷の強度			
			I	II	III	
31	⑤ 対人関係	同僚とのトラブルがあった		☆		・トラブルの内容、程度、同僚との職務上の関係等 ・その後の業務への支障等
32		部下とのトラブルがあった		☆		・トラブルの内容、程度等 ・その後の業務への支障等
33		理解してくれていた人の異動があった	☆			
34		上司が替わった	☆			（注）上司が替わったことにより、当該上司との関係に問題が生じた場合には、項目30で評価する。
35		同僚等の昇進・昇格があり、昇進で先を越された	☆			
36	⑥ セクシュアルハラスメント	セクシュアルハラスメントを受けた		☆		・セクシュアルハラスメントの内容、程度等 ・その継続する状況 ・会社の対応の有無及び内容、改善の状況、職場の人間関係等

	心理的負荷の強度を「弱」「中」「強」と判断する具体例		
	弱	中	強
	【「弱」になる例】 ・業務をめぐる方針等において、同僚との考え方の相違が生じた（客観的にはトラブルとはいえないものも含む）	○同僚とのトラブルがあった 【「中」である例】 ・業務をめぐる方針等において、周囲からも客観的に認識されるような対立が同僚との間に生じた	【「強」になる例】 ・業務をめぐる方針等において、周囲からも客観的に認識されるような大きな対立が多数の同僚との間に生じ、その後の業務に大きな支障を来した
	【「弱」になる例】 ・業務をめぐる方針等において、部下との考え方の相違が生じた（客観的にはトラブルとはいえないものも含む）	○部下とのトラブルがあった 【「中」である例】 ・業務をめぐる方針等において、周囲からも客観的に認識されるような対立が部下との間に生じた	【「強」である例】 ・業務をめぐる方針等において、周囲からも客観的に認識されるような大きな対立が多数の部下との間に生じ、その後の業務に大きな支障を来した
	○理解してくれていた人の異動があった		
	○上司が替わった		
	○同僚等の昇進・昇格があり、昇進で先を越された		
	【「弱」になる例】 ・「○○ちゃん」等のセクシュアルハラスメントに当たる発言をされた場合 ・職場内に水着姿の女性のポスター等を掲示された場合	○セクシュアルハラスメントを受けた 【「中」である例】 ・胸や腰等への身体接触を含むセクシュアルハラスメントであっても、行為が継続しておらず、会社が適切かつ迅速に対応し発病前に解決した場合 ・身体接触のない性的な発言のみのセクシュアルハラスメントであって、発言が継続していない場合 ・身体接触のない性的な発言のみのセクシュアルハラスメントであって、複数回行われたものの、会社が適切かつ迅速に対応し発病前にそれが終了した場合	【「強」になる例】 ・胸や腰等への身体接触を含むセクシュアルハラスメントであって、継続して行われた場合 ・胸や腰等への身体接触を含むセクシュアルハラスメントであって、行為は継続していないが、会社に相談しても適切な対応がなく、改善されなかった又は会社への相談等の後に職場の人間関係が悪化した場合 ・身体接触のない性的な発言のみのセクシュアルハラスメントであって、発言の中に人格を否定するようなものを含み、かつ継続してなされた場合 ・身体接触のない性的な発言のみのセクシュアルハラスメントであって、性的な発言が継続してなされ、かつ会社がセクシュアルハラスメントがあると把握していても適切な対応がなく、改善がなされなかった場合

別表2：業務以外の心理的負荷評価表

出来事の類型	具体的出来事	心理的負荷の強度 Ⅰ	Ⅱ	Ⅲ
① 自分の出来事	離婚又は夫婦が別居した			☆
	自分が重い病気やケガをした又は流産した			☆
	自分が病気やケガをした		☆	
	夫婦のトラブル、不和があった	☆		
	自分が妊娠した	☆		
	定年退職した	☆		
② 自分以外の 家族・親族の 出来事	配偶者や子供、親又は兄弟が死亡した			☆
	配偶者や子供が重い病気やケガをした			☆
	親類の誰かで世間的にまずいことをした人が出た			☆
	親族とのつきあいで困ったり、辛い思いをしたことがあった		☆	
	親が重い病気やケガをした		☆	
	家族が婚約した又はその話が具体化した	☆		
	子供の入試・進学があった又は子供が受験勉強を始めた	☆		
	親子の不和、子供の問題行動、非行があった	☆		
	家族が増えた（子供が産まれた）又は減った（子供が独立して家を離れた）	☆		
	配偶者が仕事を始めた又は辞めた	☆		
③ 金銭関係	多額の財産を損失した又は突然大きな支出があった			☆
	収入が減少した		☆	
	借金返済の遅れ、困難があった		☆	
	住宅ローン又は消費者ローンを借りた	☆		
④ 事件、事故、災害 の体験	天災や火災などにあった又は犯罪に巻き込まれた			☆
	自宅に泥棒が入った		☆	
	交通事故を起こした		☆	
	軽度の法律違反をした	☆		
⑤ 住環境の変化	騒音等、家の周囲の環境（人間環境を含む）が悪化した		☆	
	引越した		☆	
	家屋や土地を売買した又はその具体的な計画が持ち上がった	☆		
	家族以外の人（知人、下宿人など）が一緒に住むようになった	☆		
⑥ 他人との人間関係	友人、先輩に裏切られショックを受けた		☆	
	親しい友人、先輩が死亡した		☆	
	失恋、異性関係のもつれがあった		☆	
	隣近所とのトラブルがあった		☆	

（注）心理的負荷の強度ⅠからⅢは、別表1と同程度である。

●主な連絡先
「過労死110番」全国ネットワーク事務局
ホームページ：http://karoshi.jp/
TEL：03-3813-6999

「過労死防止基本法」制定実行委員会
ホームページ：http://www.stopkaroshi.net/
全国事務局　TEL：03-5543-1105
関西事務局　TEL：06-6636-9361

あとがき

　本書は、主として、過労・ストレスが原因で家族を亡くした方々を読者に想定して、遺族としての権利内容や権利行使の方法について解説しました。細かい通達の羅列は避けて、各項目ごとの重要なポイントを示して説明するように心掛けました。さらに詳細なことがらは、この分野に詳しい弁護士にご相談いただきたいと思います。

　ところで、本書を手にした方々の中には、企業の人事法務関係で仕事をしている人、企業から相談・依頼を受けている弁護士や社会保険労務士の人もおられるでしょう。いわば企業側の立場で過労死・過労自殺の問題に関わっている方々が本書を読むと、立場の違いから納得できないと感じる点があるかもしれません。

　確かに、当事者間の経済的利害関係という意味では、企業と遺族の間では相対立することがあります。企業側の経済的利益を擁護する観点に立つと、法律や通達の解釈の仕方も異なってくる点があるかもしれません。

　しかしながら、過労死・過労自殺をなくすことは、労働者や遺族の願いにとどまらず、企業の健全な発展にとっても大変重要なテーマです。職場に過重な労働が蔓延し、ハラスメントが頻発しているような状況の中で、企業としての生産活動・サービス活動が発展していくとは思えません。日本経済が長い停滞状態にあり、少なからぬ企業が経営悪化・倒産に直面している背景には、目先の利益に目を奪われ、働く者を酷使してきた日本企業の労務管理の問題があるのではないでしょうか。

　過労死・過労自殺を防止していくためには、現に職場に発生した死亡の原因を究明していく作業が不可欠です。建前として安全衛生の充実やメンタルヘルスの強化を唱えていても、発生した在職中死

亡の原因究明の努力を怠り、原因を個人責任に転嫁するようなやり方では、状況は改善されません。

　私たちが担当した事案の中には、企業側が過労死・過労自殺に対して迅速、的確に対処した例もあります。たとえば、あるメーカーで技術者が過労自殺で亡くなった後、企業トップ自らがその原因究明を積極的に行い、その原因が過重な業務にあったことを理解し、遺族に対し謝罪をしました。また、ある販売業の人事課長は、入社数年で死亡した青年が上司からパワハラを受けていたとの遺族の訴えを受けとめ、短期間に徹底した調査を行い、遺族に謝罪しました。

　だが、全体として見た場合には、発症が業務に起因している可能性がある事案でも、企業側が「労災ではない（業務外の私傷病である）」と主張することが多いのが現状です。遺族に対する労災申請資料の提供を拒絶する企業もあります。企業がこのような態度をとるのは、職場をより良いものに改善していくという観点から見ても大変マイナスであり、残念なことと言わざるをえません。

　労働者が過労で倒れたり亡くなった場合こそ、二度と同じ過ちを繰り返さないために企業関係者が力を尽くすことを期待してやみません。

2012年4月

弁護士　　川人　博
　同　　　平本紋子

著者紹介

川人　博（かわひと　ひろし）
弁護士。過労死弁護団全国連絡会議幹事長。1949年生まれ。東京大学経済学部卒。78年弁護士登録（東京弁護士会）。92年から東京大学教養学部「法と社会と人権」ゼミナール講師。著書に『過労自殺』（岩波新書）、『過労自殺と企業の責任』、『就活前に読む　会社の現実とワークルール』（旬報社）など。

平本紋子（ひらもと　あやこ）
弁護士。1983年生まれ。一橋大学法科大学院卒。2009年弁護士登録（東京弁護士会）。過労死・過労自殺に関する事件を数多く担当している。

川人法律事務所
〒113-0033　東京都文京区本郷2-27-17 ICNビル2階
TEL 03-3813-6901
ホームページ　http://www.kwlaw.org/

過労死・過労自殺労災認定マニュアル──Q＆Aでわかる補償と予防
2012年5月1日　初版第1刷発行

著　者　川人　博・平本紋子
装　丁　河田　純
発行者　木内洋育
発行所　株式会社 旬報社
　　　　〒112-0015　東京都文京区目白台2-14-13
　　　　TEL 03-3943-9911　FAX 03-3943-8396
　　　　ホームページ http://www.junposha.com/
印　刷　株式会社 マチダ印刷
製　本　株式会社 南鵬社

© Hiroshi Kawahito, Ayako Hiramoto 2012. Printed in Japan
ISBN978-4-8451-1263-0　C0032